跟王博士学论语

伍志兵 胡俊 赵丽品 主编

中国出版集团 现代出版社

图书在版编目（CIP）数据

跟王博士学论语 / 伍志兵，胡俊，赵丽品主编. --
北京：现代出版社，2017.9
ISBN 978-7-5143-6472-9

Ⅰ．①跟… Ⅱ．①伍… ②胡… ③赵… Ⅲ．①儒家②
《论语》－译文③《论语》－注释 Ⅳ．①B222.2

中国版本图书馆CIP 数据核字（2017）第223370 号

跟王博士学论语

主　　编	伍志兵　胡　俊　赵丽品
责任编辑	杨学庆
出版发行	现代出版社
地　　址	北京市安定门外安华里504号
邮政编码	100011
电　　话	010-64267325　010-64245264（兼传真）
网　　址	www.1980xd.com
电子邮箱	xiandai@vip.sina.com
印　　刷	成都新千年印制有限公司
开　　本	880×1230　1/32
印　　张	12
字　　数	232千字
版　　次	2017年9月第1版　2020年1月第2次印刷
书　　号	ISBN 978-7-5143-6472-9
定　　价	50.00元

《跟王博士学论语》副主编人员名单

柏　斌　阮　欣　史伟荣
吴　浩　谭翔东　唐慧春

《跟王博士学论语》编委人员名单

余　明	白世俊	白焕合	田桂良	丁　煜	丁烨敏
丁海纳	彭志刚	史宝华	吴少波	吴维兴	吴冰昱
吴柏昆	李　东	李　艳	李其洋	李仕江	李继红
李贵娟	李金霞	李润泽	李艳萍	李风琴	李万军
李培战	林　豪	林明星	林小妹	林芳芬	林明谦
林　浩	林海兰	王峥峻	王　玲	王建华	王金燕
王洪梅	王懋鉴	王浩然	王　胜	王健波	王　沛
王　珂	王兆月	张薇薇	张玉兰	张李丹	张慧敏
张　桥	张金正	张蓝心	陈宗耀	陈嘉盈	陈嘉馨
陈仕壮	陈显司	陈新刚	陈爱凤	陈　静	陈　果
陈　捷	陈　俊	陈　萍	陈　永	刘　亮	刘　劲
刘玉红	刘爱静	刘殿双	刘云燕	刘兰芳	刘丽丹
刘继荣	刘燕辉	刘书澈	周　朵	周运陆	周凤珍

周景环	周春光	周其英	周 超	程嘉恒	程嘉耀
程泽荣	程 丽	符德珍	符海霞	符白雪	符 娟
符启达	符海贵	马仪雯	马启铭	郭晓庆	郭晓周
郭咏梅	郭 红	胡伟刚	胡 婧	胡冰峰	翟秀霞
翟俊霞	杨文昌	杨海志	杨世廷	杨红丽	杨新兰
杨 府	黄琪峰	黄歆依	黄垂梁	何桢熙	何 娟
郑心保	牛雨童	韩玉范	邹 静	齐 鹏	杜 卫
寇柳娟	崔悦笙	衣雪松	唐忠宝	唐语萌	宋书玲
冯玉领	哈育红	邢桂丽	智白丽	沈 娟	肖石丰
靳梦欣	徐松枝	柏进荣	赵桂珍	侯岱彬	熊步威
齐建立	姜若风	孙 硕	耿新芳	董宣丽	曹军伟
廖善伟	蒙 苇	肖 志	伍志军	梁岩松	叶 秋
殷嘉怡	殷嘉欣	邢增孟	颜 婧	魏 凤	岑 洋
孙建双	许功令	钟加启	黎仕云	曾小春	易维军
桥姑娘	罗晓风	胡向军			

序

　　《跟王博士学论语》是由跟清华大学王永胜博士后在微信群里一起学习翻译《论语》的网友们，通过众筹资金出版的，目的是为了更好地传播我国的传统文化，仅此而已。在持续两年多的时间里，网友们"以文会友，以友辅仁"，学习翻译《论语》的热情十分高涨，众筹出书的热情也十分高涨，但书中的错误在所难免，敬请读者批评指正，提出宝贵意见。

　　感谢海南天鸿市政工程设计股份有限公司、海南经典环保工程有限公司、海南王博士传统文化传播有限公司、海南富达宇贸易有限公司的大力支持。

学而篇第一

第一章

一、原文

子曰[1]:"学[2]而[3]时[4]习[5]之[6],不亦说[7](yuè)乎[8]?有朋[9]自远方来,不亦乐(lè)乎?人不知而不愠[10](yùn),不亦君子[11]乎?"

二、翻译

孔子说:"学后再按时复习功课,不是很愉快吗?有同学从远方来,不是很快乐吗?别人不理解我,我也不气恼,难道不是君子吗?"

三、注释

〔1〕子曰:子,有学问的男人,对男人的美称。《论语》中的"子曰",皆指孔子说。

〔2〕学:获得知识。

〔3〕而:表示承接关系,再。

〔4〕时:按时。

〔5〕习:复习,练习。

〔6〕之:代词,获得的知识,功课。

〔7〕说:同"悦",高兴,愉快。

〔8〕不亦……乎:难道不……吗?亦:语气助词,表示强调;乎:语气助词,表示反问,吗。

〔9〕朋:同学,志同道合的人。

〔10〕人不知而不愠:在"知"和"而"后省略了"己",应为"人不知己而己不愠",别人不理解我,我也不气恼。而:表示转折;愠:恼怒,气恼。

〔11〕君子：道德品质高尚的人。

第二章

一、原文

有子⁽¹⁾曰："其为人也孝弟⁽²⁾（tì），而好犯上者，鲜矣⁽³⁾。不好犯上，而好作乱者，未之有⁽⁴⁾也。君子务本，本立而道生。孝弟也者⁽⁵⁾，其⁽⁶⁾为仁⁽⁷⁾之本与⁽⁸⁾！"

二、翻译

有子说："他作为一个人，如果孝顺父母，敬爱兄长，却好犯上，这是很少的。不好犯上，却好作乱，这是没有的。君子要抓住根本，根本确立后，道才能产生。孝顺父母，敬爱兄长，这大概就是仁的根本吧！"

三、注释

〔1〕有子：孔子的学生。

〔2〕弟：同"悌"，敬爱兄长。

〔3〕鲜矣：很少。鲜：很少；矣：表示肯定。

〔4〕未之有：倒装句，正常语序为"未有之"，没有这种情况。

〔5〕也者：表示提示。

〔6〕其：也许，大概。

〔7〕仁：人与人之间相互亲爱的关系，儒家的最高道德标准。

〔8〕与：表示轻微的疑问，吧。

第三章

一、原文

子曰："巧言[1]令色[2]，鲜矣仁[3]！"

二、翻译

孔子说："花言巧语，满脸堆笑，这是很少有仁的！"

三、注释

〔1〕巧言：花言巧语。巧：美好的，好听的。《诗经•小雅》："巧言如簧""巧言如流"。

〔2〕令色：满脸堆笑。令：美善的，好看的；色：脸色，面容。《诗经•大雅》："令仪令色。"

〔3〕鲜矣仁：倒装句，表示强调，正常语序为"仁鲜矣"，仁很少，很少有仁。鲜：很少；矣：表示肯定。

第四章

一、原文

曾子[1]曰："吾日三省[2]（xǐng）吾身：为[3]人谋，而不忠[4]乎[5]？与朋友交，而不信乎？传[6]，不习乎？"

二、翻译

曾子说："我每天进行多次反省：帮人谋划，没有尽心尽力吗？与朋友交往，没有诚实守信吗？传授的知识，没有复习吗？"

三、注释

〔1〕曾子：孔子的学生。

〔2〕三省：多次反省。三：多次；省：反省。

〔3〕为：帮，帮助。

〔4〕忠：尽心尽力。

〔5〕乎：疑问词，吗。

〔6〕传：传授（的知识）。

第五章

一、原文

子曰："道⁽¹⁾千乘⁽²⁾（shèng）之国⁽³⁾，敬事而信，节用而爱人，使民以时⁽⁴⁾。"

二、翻译

孔子说："管理拥有千辆兵车的国家，要恭敬处事，遵守信用，要节约费用，爱护人民，同时还要按照农时使用民力。"

三、注释

〔1〕道：引导，引申为治理、管理。

〔2〕乘：古代四马拉的兵车。

〔3〕国：诸侯国。

〔4〕以时：按照一定的时间，指农时。

第六章

一、原文

子曰："弟(dì)子入[1]则孝，出[2]则弟[3](tì)；谨而信，泛爱[4]众而亲仁。行有余力，则以[5]学文[6]。"

二、翻译

孔子说："弟子在家孝顺父母，在外敬爱兄长；谨慎而守信用，博爱大众，亲近仁人。如果遵此而行还有余力的话，就应该学习文化知识。"

三、注释

〔1〕入：进入家门，在家。

〔2〕出：出家门，在外。

〔3〕弟：同"悌"，敬爱兄长。

〔4〕泛爱：博爱。

〔5〕以：用，做。

〔6〕文：文化知识。古时候指六艺，即礼、乐、射、御、书、数。

第七章

一、原文

子夏[1]曰："贤贤易色[2]。事父母，能竭[3]其力；事君，能致[4]其身；与朋友交，言而有信。虽[5]曰未学，吾必谓之学矣[6]。"

二、翻译

子夏说："尊重贤能，转变态度。侍奉父母，能竭尽全力；侍奉君主，能献出生命；与朋友交往，说话讲信用。即使说没学过，我也必定说他已经学过了。"

三、注释

〔1〕子夏：孔子的学生。

〔2〕贤贤易色：尊敬贤者，转变态度。第一个"贤"是动词，尊敬、尊重，第二个"贤"是名词，贤人。易：持续变化。色：脸色，神色，引申为态度。

〔3〕竭：用尽。

〔4〕致：奉献。

〔5〕虽：即使……也。

〔6〕矣：表示完成，了。

第八章

一、原文

子曰："君子不重则不威，学则不固[1]。主[2]忠信。无友不如己者。过则勿惮[3]（dàn）改。"

二、翻译

孔子说："君子不庄重就没有威严，学习就不会固陋闭塞。保持忠信。没有友人不如自己。有过错就不要怕改正。"

三、注释

〔1〕固：固陋闭塞。

〔2〕主：注重，保持。

〔3〕惮：害怕，畏惧。

第九章

一、原文

曾子曰："慎终[1]追远[2]，民德归厚矣[3]。"

二、翻译

曾子说："善待死者，祭祀先辈，民德就会归于纯朴。"

三、注释

〔1〕慎终：居丧尽礼。慎：谨慎（对待），引申为善待；终：人死，死亡。

〔2〕追远：追思先辈。追：追念，祭祀；远：远祖，祖先，列祖列宗。

〔3〕矣：语气词，了。

第十章

一、原文

子禽问于子贡[1]曰："夫子[2]至于[3]是[4]邦也，必闻其政。求之与[5]？抑[6]与之与？"

子贡曰："夫子温、良、恭、俭、让以得之。夫子之求之也，其诸[7]异乎人之求之与！"

二、翻译

子禽向子贡请教说："老师每去一个国家，必定能了解到它的政事。是求得的呢？还是别人主动给他的呢？"

子贡说："老师凭借温和、善良、恭敬、俭朴、谦让而得到的。老师得到的办法，大概与别人得到的不同吧！"

三、注释

〔1〕子禽、子贡：孔子的学生。

〔2〕夫子：学生对老师的尊称。

〔3〕至于：到达。

〔4〕是：任何。

〔5〕与：表示轻微疑问，吗。

〔6〕抑：或是，还是。

〔7〕其诸：大概。

第十一章

一、原文

子曰："父在 (1)，观其志；父没 (2)（mò），观其行。三年无改于父之道，可谓 (3) 孝矣。"

二、翻译

孔子说："父亲在世，观察其志向；父亲去世，观察其行为。如果三年不改变父之道，就可以说是孝了。"

三、注释

〔1〕在：在世。

〔2〕没：去世。

〔3〕可谓：可以说是。

第十二章

一、原文

有子曰："礼之用，和为贵。先王⁽¹⁾之道，斯⁽²⁾为美。小大由⁽³⁾之，有所不行。知和而和，不以⁽⁴⁾礼节之，亦不可行也。"

二、翻译

有子说："礼的作用，就是保持和谐。古代君王的治国之道，就是以和谐为美的。如果大事小情都依从礼，就会有行不通的地方。如果只知道为了和谐而和谐，而不用礼来约束，也是行不通的。"

三、注释

〔1〕先王：古代君主。

〔2〕斯：此，这。

〔3〕由：依从。

〔4〕以：用。

第十三章

一、原文

有子曰："信近于义，言可复⁽¹⁾也；恭近于礼，远耻辱也。因不失其亲⁽²⁾，亦可宗⁽³⁾也。"

二、翻译

有子说："诚信接近于义，讲话就能兑现；恭敬接近于礼，就能远离耻辱。因为这没有偏离其根本，所以是可以效法的。"

三、注释

〔1〕复：兑现。

〔2〕亲：根本。

〔3〕宗：效法。

第十四章

一、原文

子曰："君子食无求饱，居无求安，敏于事而慎于言，就⁽¹⁾有道而正⁽²⁾焉⁽³⁾，可谓好学也已⁽⁴⁾。"

二、翻译

孔子说："君子饮食不求饱，居住不求安，但做事要敏捷，说话要谨慎，如果再用有道的人来匡正自己，这就可以说是好学了。"

三、注释

〔1〕就：到，走近，用。

〔2〕正：匡正。

〔3〕焉：语气助词。

〔4〕也已：表示肯定，了。

第十五章

一、原文

子贡曰："贫而无谄，富而无骄，何如⁽¹⁾？"

子曰："可也。未若⁽²⁾贫而乐，富而好礼者也⁽³⁾。"

子贡曰："《诗[4]》云：'如切如磋，如琢如磨[5]。'其斯之谓与[6]？"

子曰："赐[7]也，始可与言《诗》已矣[8]，告诸[9]往而知来者[10]。"

二、翻译

子贡说："贫困而不谄媚，富贵而不骄傲，怎么样？"

孔子说："可以。但是比不上贫困而快乐，富贵而好礼。"

子贡说："《诗经》上说：'要像加工骨、角一样不断切磋，要像打磨玉、石一样不断琢磨。'大概说的就是这个意思吧？"

孔子说："赐啊，可以开始与你谈论《诗经》了，告诉你过去你就能推知未来。"

三、注释

〔1〕何如：倒装句，正常语序为"如何"，怎么样。

〔2〕未若：比不上，不如。

〔3〕者也：表示判断。

〔4〕诗：诗经。

〔5〕如切如磋，如琢如磨：通过切、磋、琢、磨，把骨、角或牙、玉、石加工成器具的过程，比喻严于律己和自我修养。

〔6〕其斯之谓与：大概说的就是这个意思吧。其：大概，也许；斯：这；与：表示轻微疑问，吧。

〔7〕赐：端木赐，即子贡。

〔8〕已矣：同"矣"，了。

〔9〕诸：你。

〔10〕者：表示祈使语气。

第十六章

一、原文

子曰："不患$^{(1)}$人之$^{(2)}$不己知$^{(3)}$，患不知人也。"

二、翻译

孔子说："不用担心别人不了解自己，要担心不了解别人。"

三、注释

〔1〕患：担心。

〔2〕之：结构助词。

〔3〕不己知：倒装句，正常语序为"不知己"，不了解自己。

为政篇第二

第一章

一、原文

子曰："为政以德〔1〕，譬如〔2〕北辰〔3〕，居其所，而众星共〔4〕之。"

二、翻译

孔子说："以德执政，就像北极星安居在自己的位置上，而众星都环绕在它的周围。"

三、注释

〔1〕为政以德：以德执政。为：治理，处理；以：用。

〔2〕譬如：比如。

〔3〕北辰：北极星。

〔4〕共：拱，环绕。

第二章

一、原文

子曰："《诗》三百，一言以蔽〔1〕之，曰〔2〕：'思无邪〔3〕。'"

二、翻译

孔子说："《诗经》三百首，用一句话概括，就是：'中和雅正。'"

三、注释

〔1〕蔽：概括。

〔2〕曰：就是。

〔3〕思无邪：中和雅正。出自《诗经•鲁颂•駉（jiōng）》："思无邪，思马斯徂（cú，行）。"思：句首语气词；邪：不正。我国古代的诗教把"无邪"作为诗的最高标准，意思是"中和雅正"。

第三章

一、原文

子曰："道[1]之以[2]政，齐[3]之以刑，民免[4]而无耻[5]（zhǐ）；道之以德，齐之以礼，有耻（zhǐ）且格[6]。"

二、翻译

孔子说："用政令管理,用刑法约束,老百姓就会逃避,会跑光；用道德教化,用礼法约束,老百姓就会安居乐业,而且其他地方的人也会来归顺。"

三、注释

〔1〕道：管理。

〔2〕以：用。

〔3〕齐：约束。

〔4〕免：免受处罚。

〔5〕耻：同"止"，停止。

〔6〕格：来。

第四章

一、原文

子曰："吾十有[1]五而志于学，三十而立，四十而不惑，五十而知天命，六十而耳顺⁽²⁾，七十而从心所欲，不逾⁽³⁾矩。"

二、翻译

孔子说："我十五岁立志求学，三十岁自立于世，四十岁不感到迷惑，五十岁懂得了天命，六十岁听得进不同的意见，七十岁从心所欲，但不违反规矩。"

三、注释

〔1〕有："又"。

〔2〕耳顺：听得进不同的意见。

〔3〕逾：超越，违反。

第五章

一、原文

孟懿子⁽¹⁾问孝，子曰："无违⁽²⁾。"

樊迟⁽³⁾御⁽⁴⁾，子告之曰："孟孙问孝于我，我对曰：'无违。'"

樊迟曰："何谓也⁽⁵⁾？"

子曰："生，事之以礼；死，葬之以礼，祭之以礼。"

二、翻译

孟懿子请教孝，孔子说："不要违背礼。"

樊迟驾车，孔子对樊迟说："孟孙向我请教孝，我告诉他说：'不要违背礼。'"

樊迟说："什么意思呢？"

孔子说："父母在世时，要按照礼来侍奉他们；父母去世后，要按照礼来安葬他们，要按照礼来祭祀他们。"

三、注释

〔1〕孟懿子：孟孙，鲁国大夫，曾为孔子的学生。

〔2〕无违：不要违背礼。

〔3〕樊迟：孔子的学生。

〔4〕御：驾车。

〔5〕何谓也：宾语前置的倒装句，表示疑问，正常语序为"谓何也"，说什么呢，什么意思呢。也：表示疑问，呢。

第六章

一、原文

孟武伯[1]问孝，子曰："父母，唯其疾之忧[2]。"

二、翻译

孟武伯请教孝，孔子说："父母担心的就是他们的疾病。"

三、注释

〔1〕孟武伯：鲁国大夫，孟懿子的儿子。

〔2〕唯其疾之忧：忧其疾。唯……之……：特殊句型，宾语前置的倒装句，表示强调，本句中强调的是"疾"，就是，只是。

第七章

一、原文

子游[1]问孝，子曰："今之孝者，是谓能养。至于犬马，皆能有养。不敬，何以别乎[2]？"

二、翻译

子游请教孝，孔子说："现在的孝，叫作能供养。就连狗马，都能得到供养。如果没有孝敬之心，供养父母和供养狗马有什么区别呢？"

三、注释

〔1〕子游：孔子的学生。

〔2〕何以别乎：倒装句，正常语序为"以何别乎"，有什么区别呢。

第八章

一、原文

子夏问孝，子曰："色⁽¹⁾难！有事，弟子服⁽²⁾其劳；有酒食⁽³⁾（sì），先生⁽⁴⁾馔⁽⁵⁾（zhuàn）。曾⁽⁶⁾（céng）是以为孝乎？"

二、翻译

子夏请教孝，孔子说："给父母好脸色看，难！有事，年轻人帮着做；有酒食，请长辈先吃。难道这就是孝吗？"

三、注释

〔1〕色：脸色。

〔2〕服：从事，帮助。

〔3〕食：饭。

〔4〕先生：长辈。

〔5〕馔：吃喝。

〔6〕曾：语气词，难道。

第九章

一、原文

子曰："吾与回⁽¹⁾言终日，不违如愚。退而省⁽²⁾（xǐng）其私，亦足以⁽³⁾发⁽⁴⁾，回也不愚。"

二、翻译

孔子说："我和颜回谈了一整天，他就像个愚笨的人一样遵从我。事后观察发现，他对我讲的内容是能够领会理解并贯彻执行的，因此颜回并不愚笨。"

三、注释

〔1〕回：颜回，孔子的学生。

〔2〕省：观察。

〔3〕足以：能够。

〔4〕发：同"法"，效法，领会理解并贯彻执行。

第十章

一、原文

子曰："视其所以⁽¹⁾，观其所由⁽²⁾，察其所安⁽³⁾。人焉⁽⁴⁾廋⁽⁵⁾（sōu）哉⁽⁶⁾？人焉廋哉？"

二、翻译

孔子说："审视他的行为，观察他的手段，探究他的目的。这个人怎么能隐藏得住呢？这个人怎么能隐藏得住呢？"

三、注释

〔1〕以：行为。

〔2〕由：手段，方法。

〔3〕安：目的。

〔4〕焉：疑问代词，怎么。

〔5〕廋：隐匿，隐藏。

〔6〕哉：疑问词，呢。

第十一章

一、原文

子曰："温故⁽¹⁾而⁽²⁾知新⁽³⁾，可以为⁽⁴⁾师矣⁽⁵⁾。"

二、翻译

孔子说："温习已学过的知识，如果有新的见解和收获，就可以当老师了。"

三、注释

〔1〕温故：温习已学过的知识。温：温习；故：旧知识。

〔2〕而：连词，如果。

〔3〕知新：新的见解和收获。

〔4〕为：当。

〔5〕矣：语气词，了。

第十二章

一、原文

子曰："君子不器⁽¹⁾。"

二、翻译

孔子说："君子不是器皿。"

三、注释

〔1〕君子不器：君子不是器皿。意思是君子品德高尚，多才多艺，而器皿冷若冰霜，只有有限的用途。

第十三章

一、原文

子贡问君子，子曰："先行其言而后从之。"

二、翻译

子贡请教君子，孔子说："先做了再说。"

第十四章

一、原文

子曰："君子周[1]而不比[2]，小人比而不周。"

二、翻译

孔子说："君子考虑周全，但不徇私情；小人徇私情，但考虑不周全。"

三、注释

〔1〕周：周密，周全。

〔2〕比：偏私，徇私情。

第十五章

一、原文

子曰："学而不思则罔[1]，思而不学则殆[2]。"

二、翻译

孔子说："学习但不善于思考就会陷入迷茫，思考但不善于学习就会有危险。"

三、注释

〔1〕罔：惘（wǎng），迷茫。

〔2〕殆：危害，危险。

第十六章

一、原文

子曰："攻乎[1]异端，斯[2]害也已[3]。"

二、翻译

孔子说："偏执异端，危害极深。"

三、注释

〔1〕攻乎：专心从事于。

〔2〕斯：这。

〔3〕也已：语气词，表示肯定。

第十七章

一、原文

子曰："由⁽¹⁾，诲女⁽²⁾（rǔ）知之乎？知之为知之，不知为不知，是⁽³⁾知⁽⁴⁾也。"

二、翻译

孔子说："仲由，教你的懂了吗？懂了就是懂了，不懂就是不懂，这就是智慧。"

三、注释

〔1〕由：仲由，孔子的学生。

〔2〕女：汝，你。

〔3〕是：这。

〔4〕知：智慧。

第十八章

一、原文

子张⁽¹⁾学干禄⁽²⁾，子曰："多闻阙疑⁽³⁾，慎言其余，则寡尤⁽⁴⁾；多见阙殆⁽⁵⁾，慎行其余，则寡悔。言寡尤，行寡悔，禄在其中矣。"

二、翻译

子张学习求取禄位，孔子说："多听，有疑问的就存疑，其余要慎言，这样就少有过失；多看，有危险的就搁置，其余要慎行，这样就少有后悔。言语少有过失，行动少有后悔，禄位就在这里面了。"

三、注释

〔1〕子张：孔子的学生。

〔2〕干禄：求取禄位。干：求取；禄：禄位。

〔3〕阙疑：有疑问的就存疑。阙：缺，空缺。

〔4〕尤：过失。

〔5〕阙殆：有危险的就搁置。殆：危险。

第十九章

一、原文

哀公⁽¹⁾问曰："何为⁽²⁾则民服？"

孔子对曰："举直错诸枉⁽³⁾，则民服；举枉错诸直⁽⁴⁾，则民不服。"

二、翻译

鲁哀公请教说："怎么做才能使百姓服从？"

孔子回答说："推举正直的人领导不正直的人，百姓就会服从；推举不正直的人领导正直的人，百姓就不会服从。"

三、注释

〔1〕哀公：鲁哀公，鲁国第二十六位国君。

〔2〕何为：倒装句，正常语序为"为何"，做什么，怎么做。为：做。

〔3〕举直错诸枉：推举正直的人领导不正直的人。举：推举；直：正直的人；错：措，安放；诸：之于；枉：不正直的人。

〔4〕举枉错诸直：推举不正直的人领导正直的人。

第二十章

一、原文

季康子⁽¹⁾问："使民敬忠以⁽²⁾劝⁽³⁾，如之何⁽⁴⁾？"

子曰："临⁽⁵⁾之以庄⁽⁶⁾则敬；孝慈则忠；举善而教不能⁽⁷⁾则劝。"

二、翻译

季康子问："使百姓尊敬、忠诚并相互劝勉，怎么办？"

孔子说："以庄重的态度管理百姓，就会受到尊敬；孝顺慈善，就会有忠诚；推举贤良的人来教化不贤良的人，百姓就会相互劝勉。"

三、注释

〔1〕季康子：鲁国正卿。

〔2〕以：表示并列。

〔3〕劝：相互劝勉。

〔4〕如之何：怎么办。

〔5〕临：管理。

〔6〕庄：庄重。

〔7〕举善而教不能：推举贤良的人来教化不贤良的人。

第二十一章

一、原文

或⁽¹⁾谓孔子曰："子奚⁽²⁾（xī）不为政？"

子曰："《书⁽³⁾》云：'孝乎，惟孝友于兄弟，施于有政〔4〕。' 是〔5〕亦为政，奚其〔6〕为〔7〕为政？"

二、翻译

有人对孔子说："您怎么不从政呢？"

孔子说："《尚书》中说：'孝啊，就是孝顺父母，友爱兄弟，并推及政事上。' 这也是从政，怎么才算是从政呢？"

三、注释

〔1〕或：有人。

〔2〕奚：疑问词，怎么。

〔3〕书：尚书。

〔4〕孝乎，惟孝友于兄弟，施于有政：这句话出自《尚书·周书·君陈》，原文为："王若曰：'君陈，惟尔令德孝恭，惟孝友于兄弟，克施有政。'"第一个孝指孝道；第二个孝指孝顺父母；乎：语气词，啊；惟：就是；施：推及，应用；有：敬词。

〔5〕是：这。

〔6〕奚其：疑问词，什么。其：语气词。

〔7〕为：是。

第二十二章

一、原文

子曰："人而无信，不知其可也〔1〕？大车无輗〔2〕（ní），小车无軏〔3〕（yuè），其何以〔4〕行之哉〔5〕？"

二、翻译

孔子说："统治者如果不讲信用，不知道这样可以吗？就像大车没有活销，小车没有销钉一样，车子怎么能行

走呢？"

三、注释

〔1〕也：表示疑问。

〔2〕輗：车辕和横木衔接处的活销。

〔3〕軏：车辕和横木衔接处的销钉。

〔4〕何以：怎么。

〔5〕哉：疑问词。

第二十三章

一、原文

子张问："十世可知也〔1〕？"

子曰："殷因于〔2〕夏礼，所损益可知也；周因于殷礼，所损益可知也。其〔3〕或〔4〕继周者，虽〔5〕百世，可知也。"

二、翻译

子张问："可以推知三百年以后的事吗？"

孔子说："殷朝沿袭夏礼，所损益的东西是可以推知的；周朝沿袭殷礼，所损益的东西也是可以推知的。如果有人继承了周朝，即使是三千年以后的事，也是可以推知的。"

三、注释

〔1〕十世可知也：倒装句，正常语序为"可知十世也"。世：一世为三十年；也：疑问词，吗。

〔2〕因于：沿袭，承袭。

〔3〕其：假设，如果。

〔4〕或：有人。

〔5〕虽：即使……也……。

第二十四章

一、原文

子曰："非其⁽¹⁾鬼⁽²⁾而祭之，谄也。见义不为，无勇也。"

二、翻译

孔子说："不是自己的祖先，却去祭拜，这是谄媚。不能见义勇为，这是没有勇气。"

三、注释

〔1〕其：自己的。

〔2〕鬼：人死为鬼，祖先。

八佾篇第三

第一章

一、原文

孔子谓⁽¹⁾季氏⁽²⁾："八佾⁽³⁾（yì）舞于庭，是⁽⁴⁾可忍也，孰⁽⁵⁾不可忍也⁽⁶⁾？"

二、翻译

孔子评价季氏："在自家的庭院里享用八佾舞蹈，如果连这都能容忍，还有什么不能容忍的呢？"

三、注释

〔1〕谓：评价。

〔2〕季氏：鲁国大夫季孙氏。

〔3〕八佾：只有天子才能享用的由八行八列共64人表演的舞蹈。佾：行列。

〔4〕是：这。

〔5〕孰：什么。

〔6〕也：表示反问。

第二章

一、原文

三家⁽¹⁾者⁽²⁾，以《雍⁽³⁾》彻⁽⁴⁾，子曰："'相维辟（bì）公，天子穆穆⁽⁵⁾。'奚⁽⁶⁾取于三家之堂⁽⁷⁾？"

二、翻译

孟孙氏、叔孙氏和季孙氏这三家人，伴着《雍》乐撤走祭品，孔子说："'诸侯助祭，天子肃穆。'怎么

能用在这三家人的庙堂上呢？"

三、注释

〔1〕三家：孟孙氏、叔孙氏和季孙氏。

〔2〕者：语气词，表示停顿。

〔3〕雍：《诗经》中的一篇乐章，只有天子才能享用。

〔4〕彻：撤走，撤下。

〔5〕相维辟公，天子穆穆：诸侯助祭，天子肃穆。相：助祭，陪同祭祀；维：助词，表示判断，是；辟公：诸侯；穆穆：庄严肃穆。

〔6〕奚：怎么。

〔7〕堂：庙堂。

第三章

一、原文

子曰："人而[1]不仁，如礼何[2]？人而不仁，如乐（yuè）何？"

二、翻译

孔子说："人如果不仁，要礼有什么用？人如果不仁，要乐有什么用？"

三、注释

〔1〕而：连词，表示假设关系，如果。

〔2〕如……何：把……怎么样，对……怎么办。

第四章

一、原文

林放⁽¹⁾问礼之本,子曰:"大哉问⁽²⁾!礼,与其奢也,宁⁽³⁾俭;丧,与其易⁽⁴⁾也,宁戚⁽⁵⁾。"

二、翻译

林放请教礼的根本,孔子说:"问题重大!礼,与其奢华,倒不如节俭;丧,与其完备,倒不如悲戚。"

三、注释

〔1〕林放:孔子的学生。

〔2〕大哉问:倒装句,正常语序为"问大哉",问题重大。

〔3〕与其……宁……:与其……倒不如……。

〔4〕易:完备。

〔5〕戚:悲戚。

第五章

一、原文

子曰:"夷狄⁽¹⁾之有君,不如诸夏⁽²⁾之亡⁽³⁾(wú)也。"

二、翻译

孔子说:"夷狄这些地方有君王,还不如中原各国没有君王。"

三、注释

〔1〕夷狄:古代中原华夏民族对周边落后民族的称呼。夷:

东方部族；狄：北方部族。

〔2〕诸夏：中原各国，中原地区。

〔3〕亡：无。

第六章

一、原文

季氏旅于泰山 $^{(1)}$ ，子谓冉有 $^{(2)}$ 曰："女 $^{(3)}$ （rǔ）弗能救 $^{(4)}$ 与 $^{(5)}$ ？"

对曰："不能。"

子曰："呜呼！曾（céng）谓 $^{(6)}$ 泰山不如林放乎？"

二、翻译

季氏到泰山祭祀，孔子对冉有说："你不能阻止吗？"

回答说："不能。"

孔子说："呜呼！难道说泰山（神）还不如林放知礼吗？"

三、注释

〔1〕季氏旅于泰山：季氏祭祀泰山。季氏：季康子，鲁国正卿；旅于泰山：到泰山祭祀；旅：祭祀。

〔2〕冉有：孔子的学生，季氏的家臣。

〔3〕女：汝，你。

〔4〕救：阻止。

〔5〕与：疑问词，吗。

〔6〕曾谓：难道说。曾：加强语气，难道。

第七章

一、原文

子曰："君子无所争⁽¹⁾，必也⁽²⁾射乎！揖让⁽³⁾而升⁽⁴⁾，下而饮，其争也君子。"

二、翻译

孔子说："君子没有什么可争斗的，如果有，也必定是射箭比赛吧！宾主双方先相互作揖谦让，然后再登台比赛，下台后就痛快畅饮，这就是君子之争。"

三、注释

〔1〕所争：所字结构，构成名词性短语。

〔2〕也：表示舒缓语气。

〔3〕揖让：宾主相见的礼仪。揖：作揖，拱手礼。

〔4〕升：登台。

第八章

一、原文

子夏问曰："'巧笑倩兮，美目盼兮，素以为绚兮⁽¹⁾。'何谓也⁽²⁾？"

子曰："绘事后素⁽³⁾。"

曰："礼后乎⁽⁴⁾？"

子曰："起⁽⁵⁾予者商⁽⁶⁾也，始可与言《诗》已矣⁽⁷⁾。"

二、翻译

子夏说："'笑容甜美，眼睛迷人，素装绚丽。'

这是什么意思呢？"

孔子说："白底衬美工。"

子夏说："礼是后来产生的吗？"

孔子说："启发我的人是商啊，现在可以一起谈论《诗经》了。"

三、注释

〔1〕巧笑倩兮，美目盼兮，素以为绚兮：出自《诗经·卫风·硕人》（但诗中没有"素以为绚兮"），意思是：笑容甜美，眼睛迷人，素装绚丽。巧、倩：美好。

〔2〕何谓也：倒装句，正常语序为"谓何也"，什么意思。何……也：疑问句式。

〔3〕绘事后素：白底衬美工。绘画之后，再在上面衬上素色（白色）。

〔4〕礼后乎：礼是后来产生的吗。

〔5〕起：同"启"，启发。

〔6〕商：卜商，子夏。

〔7〕已矣：语气词，了。

第九章

一、原文

子曰："夏礼吾能言之$^{(1)}$，杞$^{(2)}$不足征$^{(3)}$也；殷礼吾能言之，宋$^{(4)}$不足征也。文$^{(5)}$献$^{(6)}$不足故也。足，则吾能征之矣。"

二、翻译

孔子说："夏礼我能说出来，但是杞国不足以验证；

殷礼我也能说出来，但是宋国不足以验证。这是文献资料和熟悉历史的人不足的缘故。如果足，我就能验证它。"

三、注释

〔1〕夏礼吾能言之：受事主语句。之，代替"夏礼"。后面的"殷礼吾能言之"亦同。

〔2〕杞：杞国，夏朝的后代聚居的地方。

〔3〕征：同"证"，验证，考证。

〔4〕宋：宋国，殷朝的后代聚居的地方。

〔5〕文：文献资料。

〔6〕献：熟悉历史的人。

第十章

一、原文

子曰："禘[1]（dì），自既灌[2]而[3]往者，吾不欲观之矣。"

二、翻译

孔子说："禘，自献酒以后，我就不想再观看了。"

三、注释

〔1〕禘：古代帝王或诸侯举行的一种盛大祭祀活动。

〔2〕既灌：献酒。既：已经；灌：把酒洒在地上求神降福。

〔3〕而：介词，以后。

第十一章

一、原文

或⁽¹⁾问禘之说⁽²⁾，子曰："不知也。知其说者之于⁽³⁾天下也，其⁽⁴⁾如示⁽⁵⁾诸⁽⁶⁾斯⁽⁷⁾乎⁽⁸⁾！"指其掌。

二、翻译

有人请教禘礼，孔子指着自己的手掌说："不知道。知道禘礼的人，对于天下，恐怕就像是看这个啊！"

三、注释

〔1〕或：有人。

〔2〕说：礼仪。

〔3〕之于：对于。

〔4〕其：副词，恐怕……吧。

〔5〕示：视。

〔6〕诸：之于。

〔7〕斯：这，指手掌。

〔8〕乎：文言叹词。

第十二章

一、原文

祭如在⁽¹⁾，祭神如神在。子曰："吾不与⁽²⁾祭，如不祭。"

二、翻译

祭祀要真心实意，祭神就要像神真的存在一样。孔子说："我没参与祭祀，就如同我没祭祀一样。"

三、注释

〔1〕如在：如同真的存在一样，表示真诚。

〔2〕与：参与。

第十三章

一、原文

王孙贾[1]（gǔ）问曰："与其[2]媚[3]于奥[4]，宁媚于灶[5]，何谓也？"

子曰："不然。获罪于天，无所祷也！"

二、翻译

王孙贾请教说："与其祭拜奥神，倒不如祭拜灶神，为什么呢？"

孔子说："不是这样。得罪了天，就没有可祷告的了！"

三、注释

〔1〕王孙贾：卫国大夫。

〔2〕与其……宁……：与其……倒不如……。

〔3〕媚：讨好，祭拜。

〔4〕奥：奥神，家里供奉的主神。

〔5〕灶：灶神，家里供奉的灶王爷。

第十四章

一、原文

子曰："周监[1]于二代[2]，郁郁乎[3]文哉！吾从[4]

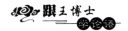

周。”

二、翻译

孔子说：“周朝借鉴了夏和商两个朝代，文化多么繁荣昌盛啊！我拥护周朝。”

三、注释

〔1〕监：鉴，借鉴。

〔2〕二代：夏朝和商朝。

〔3〕郁郁乎：繁荣昌盛。乎：形容词后缀。

〔4〕从：跟随，拥护。

第十五章

一、原文

子入太庙，每事问。

或〔1〕曰：“孰谓鄹（zōu）人之子〔2〕知礼乎？入太庙，每事问。”

子闻之，曰：“是〔3〕礼也。”

二、翻译

孔子进入太庙，每件事都要问。

有人说：“谁说鄹人的后代（孔子）知礼？进入太庙，每件事都要问。”

老师得知后说：“这就是礼啊。”

三、注释

〔1〕或：有人。

〔2〕鄹人之子：鄹人的后代，借指孔子。鄹：孔子的家乡。

〔3〕是：这。

第十六章

一、原文

子曰："射不主皮^{〔1〕}，为^{〔2〕}力不同科^{〔3〕}，古之道也。"

二、翻译

孔子说："射箭比赛不在于射穿靶子，因为力量的大小各不相同，这是古时候就有的规矩。"

三、注释

〔1〕主皮：射穿靶子。皮：用皮革做的靶子。

〔2〕为：因为。

〔3〕科：等级。

第十七章

一、原文

子贡欲去告（gù）朔^{〔1〕}（shuò）之饩（xì）羊^{〔2〕}，子曰："赐也，尔爱其羊，我爱其礼。"

二、翻译

子贡想去掉告朔仪式上的活羊，孔子说："赐啊，你爱惜的是羊，我爱惜的是礼。"

三、注释

〔1〕告朔：诸侯每月初一祭庙受朔政。告：祭祝；朔：农历每个月的初一。

〔2〕饩羊：活羊。饩：活的。

第十八章

一、原文

子曰："事君尽礼，人以为谄也。"

二、翻译

孔子说："完全按礼来侍奉君主，别人会以为这是谄媚。"

第十九章

一、原文

定公⁽¹⁾问："君使臣，臣事君，如之何⁽²⁾？"

孔子对曰："君使臣以礼，臣事君以忠。"

二、翻译

鲁定公问："君主使唤臣子，臣子侍奉君主，怎么做呢？"

孔子回答说："君主应该用礼来使唤臣子，臣子应该用忠诚来侍奉君主。"

三、注释

〔1〕定公：鲁定公，鲁国第二十五位国君。

〔2〕如之何：怎么做。

第二十章

一、原文

子曰："《关雎^[1]（jū）》，乐而不淫^[2]，哀而不伤。"

二、翻译

孔子说："《关雎》，快乐但不过分，悲哀但不忧伤。"

三、注释

〔1〕关雎：《诗经》里的第一首诗。

〔2〕淫：过分。

第二十一章

一、原文

哀公^[1]问社^[2]于宰我^[3]，宰我对曰："夏后氏^[4]以松，殷人以柏，周人以栗，曰：'使民战栗。'"

子闻之，曰："成事不说，遂事不谏，既往不咎。"

二、翻译

鲁哀公向宰我询问土地神的事，宰我回答说："夏朝人用松木，殷朝人用柏木，周朝人用栗木，又说：'栗就是使民众战栗的意思。'"

孔子得知后说："已经办成的事就不要再劝说了，已经办完的事就不要再劝阻了，已经过去的事就不要再追究了。"

三、注释

〔1〕哀公：鲁国第二十六任国君。

〔2〕社：土地神。

〔3〕宰我：孔子的学生。

〔4〕夏后氏：夏朝人。

第二十二章

一、原文

子曰："管仲⁽¹⁾之器小哉！"

或曰："管仲俭乎？"

曰："管氏有三归⁽²⁾，官事不摄⁽³⁾，焉⁽⁴⁾得俭？"

"然则，管仲知礼乎？"

曰："邦君⁽⁵⁾树⁽⁶⁾塞门⁽⁷⁾，管氏亦树塞门。邦君为两君之好，有反坫⁽⁸⁾（diàn），管氏亦有反坫。管氏而知礼，孰不知礼。"

二、翻译

孔子说："管仲的器量真小啊！"

有人问："管仲节俭吗？"

孔子说："管仲有三处相府，办事人员也不相互兼职，怎么能说是节俭呢？"

"那么，管仲知礼吗？"

孔子说："国君建造照壁，管仲也建造照壁。为了两国国君的友好，国君建造反坫，管仲也建造反坫。管仲如果知礼，还有谁不知礼呢？"

三、注释

〔1〕管仲：齐国国相。

〔2〕归：相府。

〔3〕摄：兼任职务。

〔4〕焉：疑问词，怎么。

〔5〕邦君：国君。

〔6〕树：建造。

〔7〕塞门：照壁。

〔8〕反坫：土筑的平台，用于放置酒器。

第二十三章

一、原文

子语鲁大（tài）师[1]乐（yuè），曰："乐（yuè）其可知也。始作[2]，翕[3]（xī）如也；从[4]（zòng）之，纯[5]如也，皦[6]（jiǎo）如也，绎[7]（yì）如也，以成。"

二、翻译

孔子与鲁国乐师谈话时说："音乐是可以知道的。开始演奏，乐器合奏，盛况空前，协调一致；随后，乐声纯正优美，节奏清晰明快，连续不断，最后结束。"

三、注释

〔1〕大师：太师，乐师。

〔2〕始作：开始演奏。

〔3〕翕：各种乐器同时演奏时的盛况，收放自如，协调一致。

〔4〕从：使……展开，接下来，随后。

〔5〕纯：音色纯正优美。

〔6〕皦：音节清晰分明。

〔7〕绎：声音连续不断。

第二十四章

一、原文

仪[1]封人[2]请见，曰："君子之至于斯[3]也，吾未尝不得见也。"从者[4]见之。

出，曰："二三子[5]何患于丧乎？天下之无道也久矣，天将以夫子[6]为木铎[7]（duó）。"

二、翻译

仪这个地方的封人（一种官职）请求与孔子见面，说："凡是来到这里的君子，我没有见不到的。"随从的弟子会见了他。

离开时，说："诸位为什么对失去的东西有遗憾呢？天下无道已经很久了，上天要把你们的老师变成教化人的圣人。"

三、注释

〔1〕仪：仪邑（在今河南省）。

〔2〕封人：一种官职的名称。

〔3〕斯：这里。

〔4〕从者：孔子的随从弟子。

〔5〕二三子：长辈对晚辈的称呼，诸位，你们。

〔6〕夫子：老师，指孔子。

〔7〕木铎：木舌金铃，比喻圣人。

第二十五章

一、原文

子谓《韶⁽¹⁾》："尽美矣，又尽善也。"谓《武》："尽美矣，未尽善也。"

二、翻译

孔子评论《韶》："尽善又尽美啊！"评论《武》："尽美但未尽善啊！"

三、注释

〔1〕韶、武：乐曲名称，已失传。

第二十六章

一、原文

子曰："居上⁽¹⁾不宽，为礼⁽²⁾不敬，临丧⁽³⁾不哀，吾何以⁽⁴⁾观之哉⁽⁵⁾？"

二、翻译

孔子说："身居上位不宽容，行礼不恭敬，吊丧不悲哀，我怎么能看得下去呢？"

三、注释

〔1〕居上：身居上位。

〔2〕为礼：行礼。

〔3〕临丧：吊丧。

〔4〕何以：倒装句，正常语序为"以何"，怎么。

〔5〕哉：表示反问。

里仁篇第四

第一章

一、原文

子曰："里⁽¹⁾仁为⁽²⁾美。择⁽³⁾不处仁，焉⁽⁴⁾得知⁽⁵⁾？"

二、翻译

孔子说："安身于仁是美好的。不选择与仁相处，怎么能有智慧呢？"

三、注释

〔1〕里：动词，居住。

〔2〕为：是。

〔3〕择：选择，挑选。

〔4〕焉：疑问代词，怎么。

〔5〕知：智慧。

第二章

一、原文

子曰："不仁者，不可以久处约⁽¹⁾，不可以长处乐⁽²⁾（lè）。仁者安仁，知⁽³⁾者利⁽⁴⁾仁。"

二、翻译

孔子说："不仁者，不可能长久处在约束中，也不可能长久处在快乐中。仁者安于仁，智者成全仁。"

三、注释

〔1〕处约：处在约束中。

〔2〕处乐：处在快乐中。

〔3〕知：智。

〔4〕利：使有利，成全。

第三章

一、原文

子曰："唯⁽¹⁾仁者能好⁽²⁾人，能恶⁽³⁾（wù）人。"

二、翻译

孔子说："只有仁者能喜爱人，能厌恶人。"

三、注释

〔1〕唯：只有。

〔2〕好：喜爱。

〔3〕恶：厌恶。

第四章

一、原文

子曰："苟⁽¹⁾志于仁矣⁽²⁾，无恶（è）也。"

二、翻译

孔子说："如果立志于仁，就没有恶了。"

三、注释

〔1〕苟：如果。

〔2〕……矣……也：表示判断。

第五章

一、原文

子曰："富与贵，是人之所欲也，不以其道⁽¹⁾得之，不处⁽²⁾也。贫与贱，是人之所恶（wù）也，不以其道得之，不去⁽³⁾也。君子去仁，恶（wū）乎⁽⁴⁾成名？君子无终食之间⁽⁵⁾违仁，造次⁽⁶⁾必于是⁽⁷⁾，颠沛⁽⁸⁾必于是。"

二、翻译

孔子说："富与贵，这是人人都想得到的，如果不以正道得到富贵，就不要去拥有它。贫与贱，这是人人都厌恶的，如果不以正道得到富贵，就不要去摆脱贫困。君子离开仁，怎么能成就君子的名声呢？君子在吃饭时不违背仁，在匆忙时也不违背仁，在遭受挫折时也不违背仁。"

三、注释

〔1〕其道：正道。其：助词，增加一个音节；道：正道。

〔2〕处：拥有，离开。

〔3〕去：离开。

〔4〕恶乎：疑问词，哪里，怎么。

〔5〕终食之间：吃一顿饭的时间。

〔6〕造次：匆忙。

〔7〕于是：如此。

〔8〕颠沛：遭受挫折。

第六章

一、原文

子曰："我未见好仁者，恶（wù）不仁者。好仁者，无以尚之⁽¹⁾。恶不仁者，其为仁矣，不使不仁者加乎其身。有能一日用其力于仁矣乎？我未见力不足者，盖⁽²⁾有之

矣，我未之见〔3〕也。"

二、翻译

孔子说："我没见过爱好仁的人，也没见过厌恶不仁的人。爱好仁的人，是最好不过的了。厌恶不仁的人，他为了仁，不让不仁的人影响到自己。有能在一天内把力量集中在仁上的吗？我没见过力量不足的，也许有这样的人，但我是没见过。"

三、注释

〔1〕无以尚之：没有什么能超过它，最好不过。无以：无所以的省略句，没有什么；尚：超过。

〔2〕盖：也许，大概。

〔3〕未之见：倒装句，正常语序为"未见之"。

第七章

一、原文

子曰："人之过也，各于其党〔1〕。观过，斯〔2〕知仁矣〔3〕。"

二、翻译

孔子说："人的过错是由各种偏见引起的。反观过错，就知道仁了。"

三、注释

〔1〕党：偏见，昏暗不明。

〔2〕斯：就。

〔3〕矣：表示判断，了。

第八章

一、原文

子曰："朝闻⁽¹⁾道⁽²⁾，夕死可矣。"

二、翻译

孔子说："早晨实现人生目标，晚上死了也是可以的。"

三、注释

〔1〕闻：实现，达到。

〔2〕道：人生目标。

第九章

一、原文

子曰："士⁽¹⁾志于道，而耻恶衣恶食⁽²⁾者，未足⁽³⁾与议⁽⁴⁾也。"

二、翻译

孔子说："读书人如果立志求道，却把穿得不好吃得不好当作耻辱，那就不能再跟他一起谈论道了。"

三、注释

〔1〕士：读书人，对男子的美称。

〔2〕恶衣恶食：穿得不好，吃得不好，比喻艰苦清贫。

〔3〕未足：不足，不能。

〔4〕与议：省略句，应为"与之议道"。

第十章

一、原文

子曰："君子之于天下也，无适[1]（dí）也，无莫[2]也，义之与比[3]。"

二、翻译

孔子说："君子在天下，无可无不可，但要符合义的要求。"

三、注释

〔1〕适：可，归向。

〔2〕莫：不可。

〔3〕义之与比：倒装句，正常语序为"与义比之"或"比之与义"，与义匹配，符合义的要求。比：匹配，符合。

第十一章

一、原文

子曰："君子怀[1]德，小人怀土[2]；君子怀刑，小人怀惠。"

二、翻译

孔子说："君子思念美德，小人思念田宅；君子思念刑法，小人思念恩惠。"

三、注释

〔1〕怀：思念。

〔2〕土：田宅。

第十二章

一、原文

子曰："放于[1]利而行，多怨。"

二、翻译

孔子说："一门心思追逐利益，会招致很多怨恨。"

三、注释

〔1〕放于：追逐。放：依照，依据；于：动词后缀，无实义。

第十三章

一、原文

子曰："能[1]以[2]礼让为[3]国乎[4]，何有[5]？不能以礼让为国，如礼何[6]？"

二、翻译

孔子说："如果用礼让治国家，有什么难的呢？如果不用礼让治国，要礼还有什么用呢？"

三、注释

〔1〕能：如果。

〔2〕以：用。

〔3〕为：治理。

〔4〕乎：表示推测。

〔5〕何有：倒装句，正常语序为"有何"，有什么（难的）。

〔6〕如……何：把……怎么样，对……怎么办。

第十四章

一、原文

子曰："不患[1]无位，患所以立；不患莫己知[2]，求为可知也。"

二、翻译

孔子说："不要担心没有职位，要担心有没有立足的本领；不要担心别人不知道自己，要力求有所作为才可能被别人知道。"

三、注释

〔1〕患：担心。

〔2〕莫己知：倒装句，正常语序为"莫知己"。

第十五章

一、原文

子曰："参[1]乎[2]，吾道一以贯之[3]。"

曾子曰："唯[4]。"

子出，门人问曰："何谓也？"

曾子曰："夫子之道，忠恕[5]而已矣[6]！"

二、翻译

孔子说："参啊，我的道是始终如一的。"

曾子说："好的。"

孔子离开后，弟子们问道："什么意思？"

曾子说："老师的道就是忠恕啊！"

三、注释

〔1〕参：曾子，曾参，孔子的学生。

〔2〕乎：呼唤人的语气词。

〔3〕一以贯之：始终如一。贯：贯穿。

〔4〕唯：下对上的应答声。

〔5〕恕：以自己的心推想别人的心。

〔6〕而已矣：语气词连用，啊。

第十六章

一、原文

子曰："君子喻⁽¹⁾于⁽²⁾义，小人喻于利。"

二、翻译

孔子说："君子追求义，小人追求利。"

三、注释

〔1〕喻：知晓，懂得，追求。

〔2〕于：词缀。

第十七章

一、原文

子曰："见贤思齐⁽¹⁾焉⁽²⁾，见不贤而内自省（xǐng）也。"

二、翻译

孔子说："遇见贤能的人就想着与他看齐，遇见不贤能的人就从内心进行自我反省。"

三、注释

〔1〕齐：向……看齐。

〔2〕焉：于之，向他。于：向；之：他。

第十八章

一、原文

子曰："事父母几谏⁽¹⁾，见志不从，又敬不违，劳而不怨。"

二、翻译

孔子说："侍奉父母时要婉言劝谏，如果发现父母不听从自己的意见，仍然要尊敬依顺，即使是辛劳也不能产生怨恨。"

三、注释

〔1〕几谏：婉言劝谏。几：委婉，婉言；谏：劝谏。

第十九章

一、原文

子曰："父母在，不远游⁽¹⁾；游，必有方⁽²⁾。"

二、翻译

孔子说："父母在世，不要去远方游学；如果去游学，一定要告知去的地方。"

三、注释

〔1〕游：游学。

〔2〕方：方位。

第二十章

一、原文

子曰："三年无改于父之道，可谓孝矣。"

二、翻译

孔子说："如果三年不改变父之道，就可以说是孝了。"

第二十一章

一、原文

子曰："父母之年，不可不知[1]也。一则[2]以喜[3]，一则以惧[4]。"

二、翻译

孔子说："父母的年龄，不能不常记在心。一方面是因为父母高寿而喜悦，一方面是因为父母衰老而恐惧。"

三、注释

〔1〕知：常记在心。

〔2〕一则：一方面。

〔3〕以喜：因为父母高寿而喜悦。

〔4〕以惧：因为父母衰老而恐惧。

第二十二章

一、原文

子曰："古者言之不出，耻[1]躬[2]之不逮[3]也。"

二、翻译

孔子说："古人不把话说出来，是因为以自己做不到为可耻。"

三、注释

〔1〕耻：以……为可耻。

〔2〕躬：自己，自身。

〔3〕不逮：做不到，不及。

第二十三章

一、原文

子曰："以〔1〕约失〔2〕之者，鲜矣。"

二、翻译

孔子说："因为约束而有过失的人，是很少的。"

三、注释

〔1〕以：因为。

〔2〕失：过失。

第二十四章

一、原文

子曰："君子欲讷〔1〕（nè）于言，而敏〔2〕于行。"

二、翻译

孔子说："君子要忍少说话，但行动要快速。"

三、注释

〔1〕讷：忍而少言；有话在肚子里，难以说出来。

〔2〕敏：动作快。

第二十五章

一、原文

子曰："德不孤，必有邻。"

二、翻译

孔子说："德是不会孤独的，必有近邻与它在一起。"

第二十六章

一、原文

子游曰："事君数[1]（shuò），斯[2]辱矣；朋友数，斯疏[3]矣。"

二、翻译

子游说："侍奉君主太过频繁，就会受到侮辱；与朋友交往太过频繁，就会疏远。"

三、注释

〔1〕数：屡次，频繁。

〔2〕斯：就。

〔3〕疏：疏远。

公冶长篇第五

第一章

一、原文

子谓公冶长⁽¹⁾："可妻⁽²⁾也。虽在缧（léi）绁⁽³⁾（xiè）之中，非其罪也。"以⁽⁴⁾其子⁽⁵⁾妻之。

二、翻译

孔子评价公冶长："可以把女儿嫁给他。他虽然坐过牢，但他并没有过错。"孔子把自己的女儿嫁给了公冶长。

三、注释

〔1〕公冶长：孔子的学生。

〔2〕妻：动词，以女嫁人。

〔3〕缧绁：监狱，牢狱。

〔4〕以：把。

〔5〕子：女儿。

第二章

一、原文

子谓南容⁽¹⁾："邦有道，不废⁽²⁾；邦无道，免于刑戮。"以其兄之子妻之。

二、翻译

孔子评价南容："国家有道，没被罢黜官职；国家无道，没遭受刑罚，没被处死。"孔子把他哥哥的女儿嫁给了南容。

三、注释

〔1〕南容：孔子的学生。

〔2〕废：免职，罢黜官职。

第三章

一、原文

子谓子贱⁽¹⁾："君子哉若人⁽²⁾！鲁无君子者，斯⁽³⁾焉⁽⁴⁾取斯⁽⁵⁾？"

二、翻译

孔子评价子贱："君子就像这个人！鲁国如果没有君子的话，他是怎么学到做君子的呢？"

三、注释

〔1〕子贱：孔子的学生。

〔2〕若人：像这个人。

〔3〕斯：代词，指子贱。

〔4〕焉：疑问词，怎么。

〔5〕斯：代词，指做君子。

第四章

一、原文

子贡问曰："赐也，何如⁽¹⁾？"

子曰："女⁽²⁾（rǔ），器也。"

曰："何器也？"

曰："瑚琏⁽³⁾也。"

二、翻译

子贡请教说："我，怎么样？"

孔子说："你好比一件器皿。"

子贡说："什么器皿？"

孔子说："瑚琏（国家重臣）。"

三、注释

〔1〕何如：怎么样。

〔2〕女：汝，你。

〔3〕瑚琏：一种重要的礼器，比喻国家重臣。

第五章

一、原文

或⁽¹⁾曰："雍⁽²⁾也，仁而不佞⁽³⁾（nìng）。"

子曰："焉⁽⁴⁾用佞？御⁽⁵⁾人以⁽⁶⁾口给⁽⁷⁾（jǐ），屡憎于人。不知其仁，焉用佞？"

二、翻译

有人说："冉雍仁慈但不善言辞。"

孔子说："为什么要善言辞？用口才驳斥别人，常常被别人憎恨。不关注他的仁慈，为什么要善言辞呢？"

三、注释

〔1〕或：有人。

〔2〕雍：冉雍，孔子的学生。

〔3〕佞：善言辞。

〔4〕焉：为什么。

〔5〕御：驳斥。

〔6〕以：用。

〔7〕口给：口才。

第六章

一、原文

子使漆雕开[1]仕[2]，对曰："吾斯之未能信[3]。"子说[4]（yuè）。

二、翻译

孔子让漆雕开出仕做官，漆雕开回答说："我不信。"孔子高兴。

三、注释

〔1〕漆雕开：孔子的学生。

〔2〕仕：出仕做官。

〔3〕吾斯之未能信：倒装句，正常语序为"吾未之能信斯"。斯：这，指孔子让漆雕开出仕做官；之：结构助词。

〔4〕说：悦，高兴。

第七章

一、原文

子曰："道不行，乘桴[1]（fú）浮于海。从我者，其由与[2]？"子路闻之喜。

子曰："由也，好勇过我，无所取材[3]（zāi）！"

二、翻译

孔子说："如果道不能施行，我就乘木筏漂浮在大海上。跟随我的，恐怕是仲由吧？"子路听了这话很高兴。

孔子说："子路比我勇敢，别的就没有什么啦！"

三、注释

〔1〕桴：木筏。

〔2〕其由与：恐怕是由吧。其：副词，恐怕……吧；由：仲由，子路，孔子的学生；与：表示疑问。

〔3〕材：同"哉"，感叹词。

第八章

一、原文

孟武伯问："子路仁乎？"

子曰："不知也。"

又问，子曰："由也，千乘$^{(1)}$（shèng）之国，可使治其赋$^{(2)}$（fù）也，不知其仁也。"

"求$^{(3)}$也何如？"

子曰："求也，千室之邑$^{(4)}$，百乘之家$^{(5)}$，可使为之宰$^{(6)}$也，不知其仁也。"

"赤$^{(7)}$也何如？"

子曰："赤也，束带$^{(8)}$立于朝，可使与宾客言也，不知其仁也。"

二、翻译

孟武伯问："子路仁吗？"

孔子说："不知道。"

又问，孔子说："仲由，可让他在有千辆兵车的国家里管理军队，我不知道他是否仁。"

"冉求怎么样？"

孔子说："冉求，可让他在有千户人家的城镇里和百辆兵车的封邑里担任行政总管，我不知道他是否仁。"

"公西赤怎么样？"

孔子说："公西赤，可让他整饰衣冠，站在朝堂上与宾客谈话，我不知道他是否仁。"

三、注释

〔1〕乘：四匹马拉的兵车。

〔2〕赋：兵役，军队。

〔3〕求：冉求，孔子的学生。

〔4〕邑：城镇。

〔5〕家：封邑。

〔6〕宰：行政总管。

〔7〕赤：公西赤，孔子的学生。

〔8〕束带：整饰衣冠。

第九章

一、原文

子谓子贡曰："女⁽¹⁾（rǔ）与回⁽²⁾也，孰愈⁽³⁾？"

对曰："赐也，何敢望⁽⁴⁾回？回也，闻一以⁽⁵⁾知十；赐也，闻一以知二。"

子曰："弗如也，吾与女弗如也。"

二、翻译

孔子对子贡说："你和颜回，谁更贤能？"

子贡回答说："我怎敢和颜回相比呢？颜回听说一

就能推知十；我听说一只能推知二。"

孔子说："不如啊，我和你都不如颜回啊。"

三、注释

〔1〕女：汝，你。

〔2〕回：颜回，孔子的学生。

〔3〕愈：更贤能。

〔4〕望：比较。

〔5〕以：就。

第十章

一、原文

宰予[1]昼寝，子曰："朽木不可雕也，粪土之墙不可圬[2]（wū）也！于予与[3]，何诛[4]？"

子曰："始吾于人也，听其言而信其行。今吾于人也，听其言而观其行。于予与[5]，改是[6]。"

二、翻译

宰我大白天在床上躺着。孔子说："腐朽的木头不可雕琢，垃圾垒的墙不可粉刷！对于宰我，我责备他什么呢？"

孔子说："起初我对人是听了他的话就会相信他的行动，现在我对人是听了他的话还要观察他的行动。正是因为宰我啊，使我的这种态度发生了改变。"

三、注释

〔1〕宰予：予，孔子的学生。

〔2〕圬：粉刷。

〔3〕于予与：对于宰我。于：对于；予：宰我；与：语气词。

〔4〕诛：批评。

〔5〕于予与：因为宰我。于：因为；予：宰我；与：语气词。

〔6〕是：这种态度。

第十一章

一、原文

子曰："吾未见刚者。"

或⁽¹⁾对曰："申枨⁽²⁾（chéng）。"

子曰："枨也欲，焉⁽³⁾得刚？"

二、翻译

孔子说："我没见到过刚强的人。"

有人回答说："申枨。"

孔子说："申枨有欲望，怎么能说他刚强呢？"

三、注释

〔1〕或：有人。

〔2〕申枨：枨，孔子的学生。

〔3〕焉：疑问代词，怎么。

第十二章

一、原文

子贡曰："我不欲人之加诸⁽¹⁾我也，吾亦欲无加诸人。"

子曰："赐⁽²⁾也，非尔所及也。"

二、翻译

子贡说："我不想别人强加于我，我也不想强加于别人。"

孔子说："端木赐啊，这个你做不到。"

三、注释

〔1〕诸：于。

〔2〕赐：端木赐，子贡。

第十三章

一、原文

子贡曰："夫子[1]之文章，可得而闻[2]也；夫子之言性与天道，不可得而闻也。"

二、翻译

子贡说："老师的文章，是可以得到且能理解的；老师谈论的人性和天道，是不能得到且不能理解的。"

三、注释

〔1〕夫子：老师，指孔子。

〔2〕闻：听到心里去，理解。

第十四章

一、原文

子路有闻[1]，未之能行[2]，唯恐[3]有[4]闻。

二、翻译

子路听到一个道理，如果还没施行，就担心听到另一个道理。

三、注释

〔1〕有闻：听到道理。

〔2〕未之能行：倒装句，正常语序为"未能行之"。

〔3〕唯恐：担心。

〔4〕有：又。

第十五章

一、原文

子贡问曰："孔文子⁽¹⁾何以谓之'文'也？"

子曰："敏而好学，不耻下问，是以⁽²⁾谓之'文'也。"

二、翻译

子贡请教说："孔文子的谥号为什么叫作'文'呢？"

孔子说："敏捷好学，不耻下问，因此他的谥号叫作'文'。"

三、注释

〔1〕孔文子：卫国大夫。

〔2〕是以：因此。

第十六章

一、原文

子谓子产⁽¹⁾："有君子之道四焉⁽²⁾，其行己⁽³⁾也恭，其事上也敬，其养民也惠，其使民⁽⁴⁾也义。"

二、翻译

孔子评价子产："在四个方面有君子之道，即立身行事谦恭，侍奉君上恭敬，实行惠民政策，使用民力合义。"

三、注释

〔1〕子产：郑国相国。

〔2〕焉：于此，即。

〔3〕行己：立身行事。

〔4〕使民：使用民力。

第十七章

一、原文

子曰："晏平仲⁽¹⁾善与人交，久而敬之。"

二、翻译

孔子说："晏平仲善于与人交往，时间越久越受人尊敬。"

三、注释

〔1〕晏平仲：齐国上大夫。

第十八章

一、原文

子曰："臧文仲⁽¹⁾居⁽²⁾蔡⁽³⁾，山节⁽⁴⁾藻⁽⁵⁾棁⁽⁶⁾（zhuō），何如其知也⁽⁷⁾？"

二、翻译

孔子说：“臧文仲专门为蔡龟建造房屋，有高山、水生植物和柱子，他有智慧吗？”

三、注释

〔1〕臧文仲：鲁国大夫。

〔2〕居：建造房屋给……居住。

〔3〕蔡：地名，蔡地出产的乌龟叫蔡龟。

〔4〕山节：高山。节：高的。

〔5〕藻：水生植物。

〔6〕梲：柱子，梁上的短柱。

〔7〕何如其知也：倒装句，正常语序为“其知如何也”，他有智慧吗？知：智慧；也：疑问词，吗。

第十九章

一、原文

子张〔1〕问曰：“令尹〔2〕子文〔3〕，三仕为令尹，无喜色；三已〔4〕之，无愠色。旧令尹之政，必以告新令尹。何如？”

子曰：“忠矣。”

曰：“仁矣乎？”

曰：“未知〔5〕，焉得仁。”

“崔子〔6〕弑齐君〔7〕，陈文子〔8〕有马十乘，弃而违之。至于他邦，则曰：‘犹吾大夫崔子也。’违之。之〔9〕一邦，则又曰：‘犹吾大夫崔子也。’违之。何如？”

子曰：“清矣。”

曰：“仁矣乎？”

曰："未知，焉得仁？"

二、翻译

子张问："楚国令尹子文几次担任令尹，没有喜悦的脸色；几次被罢免，也没有怨怒的脸色。前令尹的政务必定要告诉新令尹。怎么样？"

孔子说："忠诚。"

子张问："仁吗？"

孔子说："没有智慧，怎么得到仁？"

子张说："齐国大夫崔子杀了齐国国君，陈文子有十辆四马拉的兵车，舍弃并离崔子而去。到了一个国家，就说：'跟我国大夫崔子一样。'于是就离开了这个国家。到了另一个国家，又说：'跟我国大夫崔子一样。'于是又离开了这个国家。怎么样？"

孔子说："确实清高。"

子张问："仁吗？"

孔子说："没有智慧，怎么得到仁？"

三、注释

〔1〕子张：孔子的学生。

〔2〕令尹：楚国的最高行政长官。

〔3〕子文：楚国人。

〔4〕已：停职，罢官。

〔5〕知：智慧。

〔6〕崔子：齐国大夫。

〔7〕齐君：齐国国君齐庄公。

〔8〕陈文子：齐国大夫。

〔9〕之：到，往。

第二十章

一、原文

季文子⁽¹⁾三思而后行，子闻之曰："再，斯可矣。"

二、翻译

季文子三思而后行，孔子得知后说："两次就可以了。"

三、注释

〔1〕季文子：鲁国正卿。

第二十一章

一、原文

子曰："甯（níng）武子⁽¹⁾，邦有道，则知⁽²⁾；邦无道，则愚。其知可及也，其愚不可及也。"

二、翻译

孔子说："甯武子，国家有道，就有智慧；国家无道，就愚钝。他的智慧可能比得上，他的愚钝不可能赶得上。"

三、注释

〔1〕甯武子：卫国大夫。

〔2〕知：智。

第二十二章

一、原文

子在陈⁽¹⁾曰："归与⁽²⁾！归与！吾党⁽³⁾之小子⁽⁴⁾

狂简⁽⁵⁾，斐然成章⁽⁶⁾，不知所以裁⁽⁷⁾（cái）之。"

二、翻译

孔子在陈国说："回去吧！回去吧！我家乡的弟子志向远大，行为简朴，很有文采，但不知道如何进行自我约束。"

三、注释

〔1〕陈：陈国。

〔2〕归与：回去吧。与：语气词，表示感叹。

〔3〕党：家乡。

〔4〕小子：弟子。

〔5〕狂简：志向远大，行为简朴。

〔6〕斐然成章：很有文采或很有才干。斐然：有文采的样子；成章：下笔成文，出口成章，顺理成章。

〔7〕裁：控制，约束。

第二十三章

一、原文

子曰："伯夷、叔齐⁽¹⁾不念旧恶⁽²⁾，怨是用希⁽³⁾。"

二、翻译

孔子说："伯夷和叔齐不惦记与别人的过结，因此很少有抱怨。"

三、注释

〔1〕伯夷、叔齐：商朝孤竹国的两个王子。两人因相互谦让王位，而结伴出走。他俩认为周朝推翻商朝不符合礼制，于是就不吃周朝的粮食，从而饿死在了首阳山上。

〔2〕旧恶：与别人的过结，他人过去对自己犯下的过错。

〔3〕怨是用希：倒装句，正常语序为"用是怨希"。用是：因此；怨：怨恨，抱怨；希：稀，少，不多。

第二十四章

一、原文

子曰："孰谓微生高[1]直？或乞醯[2]（xī）焉[3]，乞诸[4]其邻而与之。"

二、翻译

孔子说："谁说微生高这个人正直？有人向他借点醋，他却向邻居家借来再转借给那个向他借醋的人。"

三、注释

〔1〕微生高：孔子的学生。

〔2〕醯：醋。

〔3〕焉：于此，在他那里。此：指微生高家。

〔4〕诸：之于。

第二十五章

一、原文

子曰："巧言[1]、令色[2]、足恭[3]，左丘明[4]耻之，丘亦耻之；匿[5]（nì）怨而友其人，左丘明耻之，丘亦耻之。"

二、翻译

孔子说："甜言蜜语、满脸堆笑、过分恭敬，左丘明以此为耻，我孔丘也以此为耻；隐匿怨恨，却与别人交朋友，左丘明以此为耻，我孔丘也以此为耻。"

三、注释

〔1〕巧言：甜言蜜语，花言巧语。出自《诗经·小雅·巧言》："巧言如簧，颜之厚矣。"意思是甜言蜜语，厚颜无耻。

〔2〕令色：满脸堆笑。

〔3〕足恭：过分恭敬。

〔4〕左丘明：鲁国史官，双目失明。

〔5〕匿：藏匿，隐匿。

第二十六章

一、原文

颜渊[1]、季路[2]侍[3]，子曰："盍[4]（hé）各言尔志？"

子路曰："愿车、马、衣、轻裘[5]（qiú）与朋友共[6]，敝[7]之而无憾。"

颜渊曰："愿无伐[8]善，无施[9]劳。"

子路曰："愿闻子之志。"

子曰："老者安之，朋友信之，少者怀之。"

二、翻译

颜渊和季路侍立在孔子身旁，孔子说："为什么不谈谈你们各自的志向呢？"

子路说："愿意把车、马、衣服和轻暖皮衣与朋友共享，即使用破了也不遗憾。"

颜渊说："不夸耀善行，不表白功劳。"

子路说："想听听老师您的志向。"

孔子说："老年人放心我，朋友们信任我，年轻人怀念我。"

三、注释

〔1〕颜渊：孔子的学生。

〔2〕季路：子路，孔子的学生。

〔3〕侍：在旁边陪着，侍立。

〔4〕盍：何不，为什么不。

〔5〕轻裘：轻暖的皮衣。裘：皮衣。

〔6〕共：共用，共享。

〔7〕敝：使动用法，使……坏，用破。

〔8〕伐：自夸。

〔9〕施：表白。

第二十七章

一、原文

子曰："已矣乎〔1〕！吾未见能见其过，而内自讼〔2〕者也。"

二、翻译

孔子说："算了罢！我从未见过能认识到自己的过错，而能从内心进行自责的人。"

三、注释

〔1〕已矣乎：算了罢，表示绝望。

〔2〕自讼：自责。讼：谴责，责备。

第二十八章

一、原文

子曰："十室^[1]之邑，必有忠信如丘者焉^[2]，不如丘之好学也。"

二、翻译

孔子说："在由许多家族组成的封邑里，必定有像我孔丘一样讲忠信的人，但是可能不如我孔丘好学。"

三、注释

〔1〕十室：许多家族。十：许多；室：家族。

〔2〕焉：语气词，表示停顿。

雍也篇第六

第一章

一、原文

子曰：“雍⁽¹⁾也，可使南面⁽²⁾。”

二、翻译

孔子说：“可让冉雍享有尊位。”

三、注释

〔1〕雍：冉雍，孔子的学生。

〔2〕可使南面：省略句，完整句子为“可使之南面”。南面：面朝南。古代以面朝南为尊位。天子、诸侯、卿大夫面见群臣或下属时，都要面朝南。

第二章

一、原文

仲弓⁽¹⁾问子桑伯子⁽²⁾，子曰：“可也，简。”

仲弓曰：“居⁽³⁾敬而行简，以临⁽⁴⁾其民，不亦可乎？居简而行简，无乃⁽⁵⁾大⁽⁶⁾（tài）简乎？”

子曰：“雍之言然。”

二、翻译

仲弓询问子桑伯子的情况，孔子说：“简单，可以。”

仲弓说：“内心恭敬，行事简单，用这样的办法治理百姓，难道不可以吗？内心简单，行事也简单，恐怕是太简单了吧？”

孔子说：“冉雍，你说得对。”

三、注释

〔1〕仲弓：冉雍，孔子的学生。

〔2〕子桑伯子：人名，已不可考。

〔3〕居：怀着。

〔4〕临：治理，管理。

〔5〕无乃……乎：恐怕……吧。

〔6〕大：太。

第三章

一、原文

哀公⁽¹⁾问："弟子孰为好学？"

孔子对曰："有颜回者好学，不迁⁽²⁾怒，不贰过，不幸短命死矣。今也则亡⁽³⁾（wú），未闻好学者也。"

二、翻译

哀公问："在你的弟子中谁爱好学习？"

孔子回答说："有个叫颜回的爱好学习，不转移怒气，不重复犯错误，不幸短命死了。现在没有了，没听说有爱好学习的了。"

三、注释

〔1〕哀公：鲁国第二十六任君主。

〔2〕迁：转移。

〔3〕亡：同"无"，没有。

第四章

一、原文

子华⁽¹⁾使于齐，冉子⁽²⁾为其母请粟。

子曰："与之釜⁽³⁾。"

请益⁽⁴⁾，曰："与之庾（yǔ）。"冉子与之粟五秉。

子曰："赤之适齐也，乘肥马，衣轻裘。吾闻之也，君子周急不继富⁽⁵⁾。"

二、翻译

子华出使齐国，冉子为子华的母亲请求一些谷子。孔子说："给她一釜。"

请求再增加一些，孔子说："给她一庾。"冉子给了她五秉。

孔子说："子华出使齐国，骑着肥壮的马，穿着轻暖的皮衣。我听说，君子周济急需的人，而不是再给富人继续增加财富。"

三、注释

〔1〕子华：赤，公西赤，孔子的学生。

〔2〕冉子：孔子的学生。

〔3〕釜、庾、秉：古代量具。

〔4〕益：增加。

〔5〕周急不继富：周济急需的人，不再给富人继续增加财富。周：周济；急：急需的人；继：继续增加。

第五章

一、原文

原思⁽¹⁾为之宰⁽²⁾，与之粟九百⁽³⁾，辞。子曰："毋，以⁽⁴⁾与尔邻里乡党乎⁽⁵⁾！"

二、翻译

原思担任孔子家的管家，孔子给他谷子九百，原思推辞不要。孔子说："不要推辞，拿去送给你的邻里乡亲吧！"

三、注释

〔1〕原思：孔子的学生。

〔2〕为之宰：当时孔子为鲁国司寇，原思担任孔子家的管家，即宰。为：担任。

〔3〕九百：后面没写计量单位。

〔4〕以：应为"以之"，拿它。以：拿。

〔5〕乎：表示祈使语气。

第六章

一、原文

子谓仲弓曰："犁牛之子，骍（xīng）且角⁽¹⁾。虽欲勿用⁽²⁾，山川其舍诸⁽³⁾？"

二、翻译

孔子对仲弓说："耕牛产下了毛色赤红且牛角周正的小牛犊。虽然人们不想把它用作牺牲，难道山川之神能舍弃它吗？"

三、注释

〔1〕骍且角：毛色赤红且头角周正。骍：赤红；角：头角周正。

〔2〕用：用作牺牲（祭祀品）。

〔3〕山川其舍诸：难道山川之神能舍弃它吗？山川：山川之神；其：表示反问，难道；诸：之乎，它吗。

第七章

一、原文

子曰："回也，其心三月不违仁，其余则日月[1]至焉[2]而已矣[3]！"

二、翻译

孔子说："颜回，他的心能长久不离开仁，其他的弟子只能在短时间内达到仁而已！"

三、注释

〔1〕日月：较短时间。

〔2〕焉：代词，指仁。

〔3〕而已矣：语气词连用，罢了。

第八章

一、原文

季康子[1]问："仲由[2]，可使从政也与[3]？"

子曰："由也果，于从政乎[4]何有[5]？"

曰："赐⁽⁶⁾也，可使从政也与？"

曰："赐也达，于从政乎何有？"

曰："求⁽⁷⁾也，可使从政也与？"

曰："求也艺，于从政乎何有？"

二、翻译

季康子问："仲由，可以让他从政吗？"

孔子说："仲由果敢，对于从政来说，有什么呢？"

又问："端木赐，可以让他从政吗？"

孔子说："端木赐通达，对于从政来说，有什么呢？"

再问："冉求，可以让他从政吗？"

孔子说："冉求多才多艺,对于从政来说,有什么呢？"

三、注释

〔1〕季康子：鲁国正卿。

〔2〕仲由：由，子路，孔子的学生。

〔3〕也与：表示疑问，吗。

〔4〕乎：表示稍作停顿，舒缓语气，引人注意下文。

〔5〕何有：倒装句，正常语序为"有何"，有什么。

〔6〕赐：端木赐，孔子的学生。

〔7〕求：冉求，孔子的学生。

第九章

一、原文

季氏⁽¹⁾使闵子骞⁽²⁾（qiān）为费⁽³⁾（bì）宰，闵子骞曰："善为我辞焉！如有复我⁽⁴⁾者，则吾必在汶⁽⁵⁾上矣。"

二、翻译

季氏让闵子骞担任费邑的总管，闵子骞说："赶快为我辞掉吧！如果再有人来找我，我就只好去大汶河那边去了（齐国）。"

三、注释

〔1〕季氏：鲁国正卿。

〔2〕闵子骞：孔子的学生。

〔3〕费：费邑。

〔4〕复我：再来找我。

〔5〕汶：大汶河，齐鲁两国的分界河。

第十章

一、原文

伯牛⁽¹⁾有疾，子问之，自牖⁽²⁾（yǒu）执⁽³⁾其手，曰："亡（wú）之⁽⁴⁾，命矣夫⁽⁵⁾，斯⁽⁶⁾人也而有斯疾也⁽⁷⁾！斯人也而有斯疾也！"

二、翻译

伯牛生病，孔子来问候他，从窗户握着他的手说："哎呀！天哪！这个人怎么会得这种病啊！这个人怎么会得这种病啊！"

三、注释

〔1〕伯牛：孔子的学生。

〔2〕牖：窗户。

〔3〕执：握。

〔4〕亡之：无之，表示不可理解，惊叹，哎呀。亡：无；之：

虚用。

〔5〕矣夫：表示感叹。

〔6〕斯：这个。

〔7〕也：语气词，表示感叹。

第十一章

一、原文

子曰："贤哉回也[1]！一箪[2]（dān）食[3]（sì），一瓢饮，在陋巷，人不堪其忧，回也不改其乐。贤哉回也！"

二、翻译

孔子说："颜回真贤良啊！一碗饭，一瓢水，住在破旧的巷子里，别人都不堪忍受这种清苦的生活，颜回却照样快乐。颜回真贤良啊！"

三、注释

〔1〕贤哉回也：倒装句，正常语序为"回也贤哉"，颜回真贤良啊。

〔2〕箪：古代盛饭的竹碗。

〔3〕食：饭。

第十二章

一、原文

冉求曰："非不说[1]（yuè）子之道，力不足也。"

子曰："力不足者，中道而废。今女[2]（rǔ）画[3]。"

二、翻译

冉求说："我不是不喜欢老师您的学说，实在是我的能力不足。"

孔子说："能力不足的人，中途就会停止。现在是你自己给自己画圈圈。"

三、注释

〔1〕说：悦。

〔2〕女：汝，你。

〔3〕画：划界限。

第十三章

一、原文

子谓子夏曰："女$^{(1)}$（rǔ）为$^{(2)}$君子儒$^{(3)}$，无为小人儒。"

二、翻译

孔子对子夏说："你要做君子式的读书人，不要做小人式的读书人。"

三、注释

〔1〕女：汝，你。

〔2〕为：做。

〔3〕儒：读书人，学者。

第十四章

一、原文

子游⁽¹⁾为武城宰,子曰:"女⁽²⁾(rǔ)得人焉尔乎⁽³⁾?"曰:"有澹(tán)台灭明⁽⁴⁾者,行不由径⁽⁵⁾,非公事,未尝至于偃之室也。"

二、翻译

子游担任武城的总管,孔子说:"你得到人才了吗?"

子游说:"有个叫澹台灭明的人,从不走捷径,除了公事,从不到我的房间来。"

三、注释

〔1〕子游:偃,孔子的学生。

〔2〕女:汝,你。

〔3〕焉尔乎:文言助词连用,表示疑问。

〔4〕澹台灭明:孔子的学生。

〔5〕由径:通过捷径。

第十五章

一、原文

子曰:"孟之反⁽¹⁾不伐⁽²⁾,奔⁽³⁾而殿⁽⁴⁾,将入门,策⁽⁵⁾其马,曰:'非敢后也,马不进也。'"

二、翻译

孔子说:"孟之反不自我夸耀,撤退时总是落在最后,将要进入城门时,就用鞭子抽打着他的马说:'不是我敢落在后面，而是马不进门。'"

三、注释

〔1〕孟之反：鲁国大夫。

〔2〕伐：自夸。

〔3〕奔：撤退。

〔4〕殿：在最后。

〔5〕策：鞭打。

第十六章

一、原文

子曰："不有祝鲐[1]（tuó）之佞，而有宋朝[2]（zhāo）之美，难乎免于今之世矣[3]！"

二、翻译

孔子说："如果没有祝鲐那样的才智和口才，而只有宋朝那样的美貌，要想不受当今世道的影响，真难啊！"

三、注释

〔1〕祝鲐：卫国大夫。

〔2〕宋朝：宋国的美貌公子。

〔3〕难乎免于今之世矣：倒装句，正常语序为"免于今之世矣难乎"，不受当今世道的影响真难啊。

第十七章

一、原文

子曰："谁能出不由户[1]？何莫[2]由斯[3]道也？"

二、翻译

孔子说："谁能不经过门就走出去呢？为什么不走正道呢？"

三、注释

〔1〕由户：经过门。由：经过，行走；户：门。

〔2〕何莫：为什么不。

〔3〕斯：这。

第十八章

一、原文

子曰："质$^{(1)}$胜文$^{(2)}$则野$^{(3)}$，文胜质则史$^{(4)}$。文质彬彬$^{(5)}$，然后君子。"

二、翻译

孔子说："质朴胜过文采就会有粗野，文采胜过质朴就会有虚华。质朴和文采搭配适当，然后才是君子。"

三、注释

〔1〕质：质朴。

〔2〕文：文采，文饰。

〔3〕野：粗野。

〔4〕史：虚华，斯文。

〔5〕彬彬：文质兼备的样子。

第十九章

一、原文

子曰："人之生也直，罔之生⁽¹⁾也幸而免⁽²⁾。"

二、翻译

孔子说："人生应当正直，不正直的人生也能幸免于难。"

三、注释

〔1〕罔之生：省略句，完整句子为"罔之人之生"。罔：不正直。

〔2〕幸而免：幸免于难。而：连词，表示偏正关系。

第二十章

一、原文

子曰："知之者不如好之者，好之者不如乐（lè）之者。"

二、翻译

孔子说："知道它的人比不上喜好它的人，喜好它的人比不上以此为乐的人。"

第二十一章

一、原文

子曰："中人⁽¹⁾以上，可以语上⁽²⁾也；中人以下，不可以语上也。"

二、翻译

孔子说："对超常的人，可以和他谈论高深的道理；对不如平常人的人，不可以和他谈论高深的道理。"

三、注释

〔1〕中人：中等人，平常人。

〔2〕上：高深的道理。

第二十二章

一、原文

樊（fán）迟〔1〕问知〔2〕，子曰："务〔3〕民之义，敬鬼神而远之，可谓知矣。"

问仁，曰："仁者先难而后获，可谓仁矣。"

二、翻译

樊迟请教智慧，孔子说："使民众走向正道，敬鬼神但要远离鬼神，就可以说是智慧了。"

请教仁，孔子说："仁者，先有劳苦，后有收获，就可以说是仁了。"

三、注释

〔1〕樊迟：孔子的学生。

〔2〕知：智。

〔3〕务：致力于。

第二十三章

一、原文

子曰："知⁽¹⁾者乐⁽²⁾（yào）水，仁者乐（yào）山；知者动，仁者静；知者乐（lè），仁者寿。"

二、翻译

孔子说："智者爱好水，仁者爱好山；智者好动，仁者好静；智者快乐，仁者长寿。"

三、注释

〔1〕知：智。

〔2〕乐：爱好，喜爱。

第二十四章

一、原文

子曰："齐一变⁽¹⁾，至于⁽²⁾鲁；鲁一变，至于道。"

二、翻译

孔子说："齐国一变革，就能赶上鲁国；鲁国一变革，就能符合道。"

三、注释

〔1〕变：变化，变革。

〔2〕至于：赶上，符合。

第二十五章

一、原文

子曰："觚[1]（gū）不觚，觚哉[2]！觚哉！"

二、翻译

孔子说："现在的觚已经不是以前的觚了，觚啊！觚啊！"

三、注释

〔1〕觚：酒器，重要礼器。

〔2〕哉：表示感叹。

第二十六章

一、原文

宰我[1]问曰："仁者，虽[2]告之曰：'井有仁焉。'其从之也？"

子曰："何为其然[3]也？君子可逝[4]也，不可陷[5]也；可欺也，不可罔[6]也。"

二、翻译

宰我请教说："仁者，假使告知他说：'井里有仁啊。'仁者跟着仁跳到井里去吗？"

孔子说："怎么能这样？君子可以前往，但不可以掉进去；可以被欺骗，但不可以被愚弄。"

三、注释

〔1〕宰我：孔子的学生。

〔2〕虽：假使。

〔3〕其然：这样。

〔4〕逝：前往。

〔5〕陷：掉进。

〔6〕罔：愚弄。

第二十七章

一、原文

子曰："君子博学于文^{（1）}，约之以礼，亦可以弗畔^{（2）}矣夫^{（3）}。"

二、翻译

孔子说："君子博学文化知识，再用礼法来约束自己，就可以不离经叛道了。"

三、注释

〔1〕文：文化知识，古时候指六艺，即礼、乐、射、御、书、数。

〔2〕畔：同"叛"，离经叛道。

〔3〕矣夫：语气词，表示肯定。

第二十八章

一、原文

子见南子^{（1）}，子路不说^{（2）}（yuè），夫子^{（3）}矢之^{（4）}曰："予^{（5）}所否^{（6）}者，天厌之^{（7）}！天厌之！"

二、翻译

孔子拜见南子，子路不高兴，孔子发誓说："如果

我是个下贱的人，让老天爷讨厌我！让老天爷讨厌我！"

三、注释

〔1〕南子：卫灵公的夫人，有淫乱行为。

〔2〕说：同"悦"。

〔3〕夫子：老师，指孔子。

〔4〕矢之：发誓。矢：发誓；之：结构助词。

〔5〕予：我。

〔6〕否：鄙陋，下贱。

〔7〕厌之：讨厌，憎恶。厌：讨厌，憎恶；之：代词，指孔子自己。

第二十九章

一、原文

子曰："中庸⁽¹⁾之为德也，其⁽²⁾至⁽³⁾矣乎！民鲜久矣。"

二、翻译

孔子说："中庸作为一种德，大概是最高的了吧！民众缺少它已经很久了。"

三、注释

〔1〕中庸：恰到好处，不偏不倚。

〔2〕其：表示揣测，可能。

〔3〕至：极，最。

第三十章

一、原文

子贡曰："如有博施于民而能济众者，何如？可谓仁乎？"

子曰："何事[1]于仁，必也圣乎！尧舜其[2]犹病[3]诸[4]。夫[5]仁者，己欲立而立人，己欲达而达人。能近取譬，可谓仁之方也已[6]。"

二、翻译

子贡说："如果有广泛施恩于民，又能救济大众的人，怎么样？可称得上仁了吧？"

孔子说："岂止是仁，必定是圣啊！尧舜大概都还有不足啊。仁者，自己想立足又要让别人立足，自己想通达又要让别人通达。要从近处做起，这才是求仁的方法。"

三、注释

〔1〕何事：岂止。事：止。

〔2〕其：大概。

〔3〕病：不足，瑕疵。

〔4〕诸：之乎，表示感叹。

〔5〕夫：发语词。

〔6〕也已：表示肯定。

述而篇第七

第一章

一、原文

子曰："述⁽¹⁾而不作⁽²⁾，信而好古，窃比于我老彭⁽³⁾。"

二、翻译

孔子说："转述但不创作，相信并爱好古代文化，我把自己比作老彭。"

三、注释

〔1〕述：转述。

〔2〕作：创作。

〔3〕窃比于我老彭：倒装句，正常语序为"窃比我于老彭"。窃：谦词，我；比：比作；于：引进比较对象；老彭：商朝的贤大夫，已不可考。

第二章

一、原文

子曰："默而识⁽¹⁾（zhì）之，学而不厌⁽²⁾，诲人不倦，何有于我哉⁽³⁾？"

二、翻译

孔子说："默默地记住，学习不满足，教人不厌倦，对我来说，有什么呢？"

三、注释

〔1〕识：记住。

〔2〕厌：满足。

〔3〕何有于我哉：倒装句，正常语序为"于我有何哉"，对我来说，有什么呢？于：对于。何：什么。哉：疑问词，呢。

第三章

一、原文
子曰："德之〔1〕不修，学之不讲〔2〕，闻义不能徙〔3〕（xǐ），不善不能改，是吾忧也〔4〕！"

二、翻译
孔子说："德不修，学不研，听到义却不去实行，坏毛病又改不了，这正是我担忧的呀！"

三、注释
〔1〕之：结构助词。

〔2〕讲：研究。

〔3〕徙：改变思想而行动，实行。

〔4〕是吾忧也：倒装句，正常语序为"吾忧是也"，表示强调。是：代词，这；也：表示判断，呀。

第四章

一、原文
子之燕居〔1〕，申申〔2〕如也〔3〕，夭夭〔4〕如也。

二、翻译
孔子退朝在家，放松自然，和畅舒适。

三、注释
〔1〕燕居：退朝在家，闲居。燕：通"宴"，假借为"安"，

安逸，安闲。

〔2〕申申：放松自然。申：通"伸"，伸展。

〔3〕如也：……的样子，不译。

〔4〕夭夭如也：和畅舒适。夭：和舒，和睦。

第五章

一、原文

子曰："甚矣吾衰也⁽¹⁾！久矣吾不复梦见周公⁽²⁾！"

二、翻译

孔子说："我实在是衰老得太厉害了！我好久没有再梦见周公了！"

三、注释

〔1〕甚矣吾衰也：倒装句，正常语序为"吾衰也甚矣"。矣：确实，实在。

〔2〕久矣吾不复梦见周公：倒装句，正常语序为"吾不复梦见周公久矣"。

第六章

一、原文

子曰："志于道，据于德，依于仁，游⁽¹⁾于艺⁽²⁾。"

二、翻译

孔子说："以道为理想，以德为根本，以仁为基础，以'六艺'为求学的目的。"

三、注释

〔1〕游：游学，求学。

〔2〕艺：六艺（礼、乐、射、御、书、数）。

第七章

一、原文

子曰："自行⑴束脩⑵（xiū）以上，吾未尝无诲焉。"

二、翻译

孔子说："自愿送十条以上干肉来的人，我没有不给予教诲的。"

三、注释

〔1〕自行：自愿做，主动做。

〔2〕束脩：十条干肉。脩：干肉。

第八章

一、原文

子曰："不愤不启⑴，不悱不发⑵。举一隅不以三隅反⑶，则不复也。"

二、翻译

孔子说："不到想弄明白而又弄不明白的时候，就不要去启发；不到想说而又说不出来的时候，也不要去启发。对不能举一反三的人，就不要再教了。"

三、注释

〔1〕不愤不启：不到想弄明白而又弄不明白的时候，就不要

去启发。愤：心里憋闷；启：启发。

〔2〕不悱不发：不到想说而又说不出来的时候，就不要去启发。悱：想说又说不出来。发：启发。

〔3〕举一隅不以三隅反：从一处推知其他。隅：角落，方面。

第九章

一、原文

子食于有丧者之侧，未尝饱也。

二、翻译

孔子与有丧事的人在一起吃饭，就不曾吃饱过。

第十章

一、原文

子于 (1) 是日 (2) 哭 (3)，则不歌。

二、翻译

孔子如果哭了，他在这天就不唱歌了。

三、注释

〔1〕于：在。

〔2〕是日：这日，这天。是：这。

〔3〕哭：吊哭。

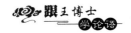

第十一章

一、原文

子谓颜渊曰："用之则行，舍之则藏，惟我与尔有是夫[1]。"

子路曰："子行[2]三军，则谁与？"

子曰："暴虎冯（píng）河[3]，死而不悔者，吾不与也。必也临事而惧，好谋而成者也。"

二、翻译

孔子对颜渊说："用就去干，不用就隐遁起来。只有我和你大概是这样吧。"

子路说："如果老师统帅三军，那么想和谁一起呢？"

孔子说："对赤手空拳打老虎，徒步蹚水过河，死也不后悔的人，我不与这样的人在一起。和我在一起的人，必定是遇事谨慎戒惧，积极谋划，争取成功的人。"

三、注释

〔1〕有是夫：大概是这样吧。有：也许，或许；是：这；夫：文言助词，表示感叹。

〔2〕行：统帅。

〔3〕暴虎冯河：空手打老虎，徒步过河。暴：徒手搏击；冯：徒步过河。

第十二章

一、原文

子曰："富而可求也，虽⁽¹⁾执鞭⁽²⁾之士，吾亦为之。如不可求，从吾所好。"

二、翻译

孔子说："如果能求到财富，即使当个执鞭的马夫，我也干。如果求不到，还是按我的爱好行事吧。"

三、注释

〔1〕虽：即使。

〔2〕执鞭：持鞭驾车。

第十三章

一、原文

子之所慎：齐⁽¹⁾（zhāi）、战、疾。

二、翻译

孔子谨慎对待：斋戒、战争和疾病。

三、注释

〔1〕齐：通"斋"，斋戒。

第十四章

一、原文

子在齐闻《韶》⁽¹⁾，（学之）⁽²⁾三月不知肉味，曰：

"不图为〔3〕乐（yuè）之至于斯也！"

二、翻译

孔子在齐国听了《韶》后，几个月辨别不出肉味来，说："想不到音乐达到这种程度！"

三、注释

〔1〕韶：乐曲名，已失传。

〔2〕学之：有的版本有"学之"二字，即学习《韶》。

〔3〕不图为：想不到，不料。为：助词，表示强调。

第十五章

一、原文

冉有曰："夫子为〔1〕卫君〔2〕乎？"

子贡曰："诺，吾将问之。"

入，曰："伯夷、叔齐〔3〕何人也？"

曰："古之贤人也。"

曰："怨乎？"

曰："求仁而得仁，又何怨？"

出，曰："夫子不为也。"

二、翻译

冉有说："老师会帮助卫国国君吗？"

子贡说："好吧，我去问问老师。"

子贡走近孔子，说："伯夷、叔齐是什么样的人？"

孔子说："古时候的贤人呀。"

子贡说："有怨悔吗？"

孔子说："追求仁而且得到了仁，有什么怨悔呢？"

子贡离开孔子，说："老师不会帮助卫国国君。"

三、注释

〔1〕为：帮助，支持。

〔2〕卫君：卫出公，卫灵公的孙子。

〔3〕伯夷、叔齐：孤竹国的两个王子。

第十六章

一、原文

子曰："饭⁽¹⁾疏⁽²⁾食饮水，曲肱⁽³⁾（gōng）而枕之，乐（lè）亦⁽⁴⁾在其中矣⁽⁵⁾。不义而富且贵，于我如浮云。"

二、翻译

孔子说："吃粗粮喝凉水，弯起胳膊当枕头，快乐就在这其中啊。不合道义的富贵，对我来说，就像是浮云。"

三、注释

〔1〕饭：吃饭。

〔2〕疏：粗劣的。

〔3〕肱：胳膊。

〔4〕亦：语气词，表示强调，就。

〔5〕矣：语气词，表示赞叹，啊。

第十七章

一、原文

版本一

子曰："加（假）我数年，五十（无字 / 卒 / 五、十 /

中庸／中正）以学《易》（亦），可以无大过矣。"

版本二

子曰："假我数年，若是，我于易则彬彬矣。"

二、说明

本章有两个版本。在版本一中，既可以用"假"替换"加"，也可以用"无字"或"卒"或"五、十"或"中庸"或"中正"等替换"五十"，还可以用"亦"替换"易"。因本章存疑较多，暂不翻译、注释。

第十八章

一、原文

子所雅言[1]，诗、书、执礼[2]，皆雅言也。

二、翻译

孔子用通俗的言语讲话，读诗、读书和赞礼时，都用通俗的话。

三、注释

〔1〕所雅言：所字结构短语，讲雅言。雅言：通俗易懂的话，平常的语言，常言，正言，官话。

〔2〕执礼：赞礼。

第十九章

一、原文

叶公[1]问孔子于[2]子路，子路不对。子曰："女[3]（rǔ）奚[4]不曰：其为人也，发愤忘食，乐（lè）以[5]

忘忧，不知老之将至云尔⁽⁶⁾。"

二、翻译

叶公向子路询问孔子，子路不回答。孔子说："你怎么不说，他这个人哪，发愤图强连吃饭都忘了，有所收获有所感悟时快乐得把忧愁都忘了，甚至不知道人就要老了，如此而已。"

三、注释

〔1〕叶公：楚国大夫。

〔2〕于：介词，向。

〔3〕女：汝，你。

〔4〕奚：怎么，为什么。

〔5〕以：连词，表示并列。

〔6〕云尔：如此而已。云：如此；尔：而已。

第二十章

一、原文

子曰："我非生而知之者，好古，敏以求之者也。"

二、翻译

孔子说："我不是生而知之的人，而是喜爱古代文化，而且勤勉追求的人。"

第二十一章

一、原文

子不语怪力⁽¹⁾乱神⁽²⁾。

二、翻译

孔子不谈论奇怪的力量和混乱的神。

三、注释

〔1〕怪力：奇怪的力量。怪：形容词，奇怪。

〔2〕乱神：混乱的神。乱：形容词，混乱，无秩序。

第二十二章

一、原文

子曰："三[1]人行，必有我师焉[2]。择其善者[3]而从之，其不善者而改之。"

二、翻译

孔子说："即使只有很少的几个人在一起，也必定有需要我学习的地方。选择他们的优点加以学习，注意他们的缺点加以改正。"

三、注释

〔1〕三：表示不确定数，几个。在这里强调人数少。

〔2〕焉：其中。

〔3〕善者：优点。

第二十三章

一、原文

子曰："天生德于予[1]，桓魋[2]（tuí）其如予何[3]？"

二、翻译

孔子说："天把德赋予了我，桓魋能把我怎么样？"

三、注释

〔1〕予：我。

〔2〕桓魋：宋国司马，因担心宋景公重用孔子师徒而冷落自己，所以想谋害孔子。

〔3〕如……何：把……怎么样。

第二十四章

一、原文

子曰："二三子⁽¹⁾以我为隐乎？吾无隐乎尔⁽²⁾！吾无行而不与二三子者，是丘也。"

二、翻译

孔子说："你们以为我隐瞒什么了吗？我没有隐瞒！我的一举一动都展示在你们面前，这就是我孔丘。"

三、注释

〔1〕二三子：长辈对晚辈的称呼，你们，诸位。

〔2〕乎尔：语气词，表示感叹。

第二十五章

一、原文

子以四教：文、行、忠、信。

二、翻译

孔子教授四门功课：文学、修行、忠诚、信用。

第二十六章

一、原文

子曰："圣人，吾不得而见之矣，得见君子者，斯可矣。"

子曰："善人，吾不得而见之矣，得见有恒者，斯可矣。亡⁽¹⁾（wú）而为有，虚而为盈，约⁽²⁾而为泰⁽³⁾，难乎⁽⁴⁾有恒矣。"

二、翻译

孔子说："圣人，我是见不到了，能见到君子，也就可以了。"

孔子说："善人，我是见不到了，能见到有恒心的人，也就可以了。无却装作有，虚却装作实，穷却装作富，这就很难有恒心了。"

三、注释

〔1〕亡：无。

〔2〕约：贫困。

〔3〕泰：富有。

〔4〕乎：词缀。

第二十七章

一、原文

子钓而不纲⁽¹⁾，弋⁽²⁾（yì）不射宿⁽³⁾。

二、翻译

孔子钓鱼，但不用鱼网捕鱼；用带绳子的箭射鸟，但不射宿鸟。

三、注释

〔1〕纲：用鱼网捕鱼。

〔2〕弋：用带绳子的箭射鸟。

〔3〕宿：宿鸟，晚上栖息的鸟。

第二十八章

一、原文

子曰："盖[1]有不知而作之者，我无是[2]也。多闻，择其善者而从之；多见，而识[3]（zhì）之。知之，次也。"

二、翻译

孔子说："也许有人并不知情却在那里创作，我不是这种人。多听，选择其中有价值的东西就采纳；多看，选择其中有价值的东西就记住。知道还属其次。"

三、注释

〔1〕盖：大概，也许。

〔2〕是：代词，这样。

〔3〕识：记住。

第二十九章

一、原文

互乡[1]难与言。童子见（xiàn），门人惑。子曰："与[2]其进也，不与其退也。唯[3]何甚？人洁己以进，与其洁也，不保其往也。"

二、翻译

与互乡这个地方的人谈话是一件比较困难的事。互乡有个童子与孔子谈话,孔子的学生感到很迷惑。孔子说:"鼓励他进步,不鼓励他后退。何必过分呢?人洁身求进步,应该鼓励他进步,不要抓住他的过去不放。"

三、注释

〔1〕互乡:地名。

〔2〕与:赞同,鼓励,允许。

〔3〕唯:发语词,无实意。

第三十章

一、原文

子曰:"仁远乎哉?我欲仁,斯仁至矣。"

二、翻译

孔子说:"仁远吗?如果我想要仁,这仁就到了。"

第三十一章

一、原文

陈司败⁽¹⁾问:"昭(zhāo)公⁽²⁾知礼乎?"

孔子曰:"知礼。"

孔子退,揖巫马期⁽³⁾而进之曰:"吾闻君子不党⁽⁴⁾,君子亦党乎?君取于吴,为同姓,谓之吴孟子⁽⁵⁾。君而知礼,孰不知礼?"

巫马期以告,孔子曰:"丘也幸,苟⁽⁶⁾有过,人必知之。"

二、翻译

陈司败问："昭公知礼吗？"

孔子说："知礼。"

孔子退朝后，陈司败向巫马期作揖，然后靠近他说："我听说君子不寻私情，君子也寻私情吗？国君从吴国娶的夫人，是同姓，叫吴孟子。国君如果知礼的话，还有谁不知礼呢？"

巫马期把这话告诉了孔子，孔子说："我孔丘真幸运啊，如果有过错，别人一定会知道的。"

三、注释

〔1〕陈司败：陈国掌管司法的官员。

〔2〕昭公：鲁国第二十四位国君。

〔3〕巫马期：孔子的学生。

〔4〕党：寻私情。

〔5〕吴孟子：鲁国和吴国都姓姬，按照礼制，同姓不能通婚。鲁国国君昭公娶了吴国的同姓女子，应该叫吴姬，为了掩人耳目，起名为吴孟子。

〔6〕苟：如果。

第三十二章

一、原文

子与人歌而⁽¹⁾善，必使反之，而后和之⁽²⁾。

二、翻译

孔子与别人一起唱歌，如果唱得好，一定请他再唱一遍，然后再一起唱。

三、注释

〔1〕而：如果。

〔2〕和：一起唱。

第三十三章

一、原文

子曰："文，莫^{〔1〕}吾犹人也；躬行^{〔2〕}君子，则吾未之^{〔3〕}有得。"

二、翻译

孔子说："文才，也许我和别人差不多；在力行君子方面，我还没有收获。"

三、注释

〔1〕莫：也许。

〔2〕躬行：身体力行，亲自实行。

〔3〕之：结构助词，无实义。

第三十四章

一、原文

子曰："若^{〔1〕}圣与仁，则^{〔2〕}吾岂敢？抑^{〔3〕}为之不厌^{〔4〕}，诲人不倦，则可谓云尔已矣^{〔5〕}。"

公西华^{〔6〕}曰："正唯^{〔7〕}弟子不能学也。"

二、翻译

孔子说："如果说圣与仁，我怎么敢担当？只不过做事不满足，教人不厌倦，如此而已罢了。"

公西华说："这正是弟子学不到的呀。"

三、注释

〔1〕若：提起连词，至于。

〔2〕则：承接连词，那么。

〔3〕抑：只不过。

〔4〕厌：餍（yàn），满足。

〔5〕云尔已矣：如此而已罢了。

〔6〕公西华：孔子的学生。

〔7〕唯：语气系词，是。

第三十五章

一、原文

子疾病，子路请祷。

子曰："有诸⁽¹⁾？"

子路对曰："有之。诔⁽²⁾（lěi）曰：'祷尔于上下神祇⁽³⁾（qí）。'"

子曰："丘之祷久矣。"

二、翻译

孔子病情加重，子路请求祈祷。

孔子说："管用吗？"

子路回答说："管用。祷文上说：'替你向天神和地神祈祷。'"

孔子说："我孔丘已经祈祷很久了。"

三、注释

〔1〕诸：之乎。

〔2〕诔：诔文，祷文。

〔3〕上下神祇：天神和地神。

第三十六章

一、原文

子曰："奢则不孙⁽¹⁾（xùn），俭则固⁽²⁾。与其⁽³⁾不孙也，宁固。"

二、翻译

孔子说："奢侈就会不谦让，节俭就会寒酸。与其不谦让，倒不如保持寒酸。"

三、注释

〔1〕孙：逊，谦让，恭顺。

〔2〕固：固陋，寒酸。

〔3〕与其……宁……：与其……倒不如……。

第三十七章

一、原文

子曰："君子坦荡荡⁽¹⁾，小人长（cháng）戚戚⁽²⁾。"

二、翻译

孔子说："君子心胸宽广，小人经常忧愁悲伤。"

三、注释

〔1〕坦荡荡：心胸宽广。

〔2〕戚戚：忧愁悲伤。

第三十八章

一、原文
子温而厉，威而不猛，恭而安。

二、翻译
孔子温和而严肃，威武而不凶猛，恭敬而稳重。

泰伯篇第八

第一章

一、原文

子曰："泰伯⁽¹⁾，其可谓至德也已矣⁽²⁾，三以⁽³⁾天下让，民无得⁽⁴⁾而称焉⁽⁵⁾。"

二、翻译

孔子说："泰伯，可以说是具有最高的德了，屡次把天下让出来，百姓都不知道如何称赞他才好。"

三、注释

〔1〕泰伯：周部落首领古公亶（dǎn）父，他有三个儿子，长子泰伯，次子虞仲，三子季历。古公亶父认为季历的儿子姬昌贤能，因此想把王位传给季历，然后再由姬昌继位。于是泰伯和虞仲出走，将王位让给了季历。

〔2〕已矣：语气词连用，了。

〔3〕以：把。

〔4〕无得：无从。

〔5〕焉：他。

第二章

一、原文

子曰："恭而无礼则劳，慎而无礼则葸⁽¹⁾（xǐ），勇而无礼则乱，直而无礼则绞⁽²⁾。君子笃⁽³⁾于亲，则民兴于仁；故旧⁽⁴⁾不遗，则民不偷⁽⁵⁾。"

二、翻译

孔子说："恭敬而无礼就会劳顿，慎重而无礼就会畏惧，勇敢而无礼就会混乱，正直而无礼就会急躁。君子对待亲人真诚，百姓就会崇尚仁；君子不遗弃故友，百姓就会厚道。"

三、注释

〔1〕葸：畏惧，害怕。

〔2〕绞：急迫，急躁。

〔3〕笃：真诚。

〔4〕故旧：老朋友，故友。

〔5〕偷：不厚道，冷漠。

第三章

一、原文

曾子有疾，召门弟子曰："启⁽¹⁾予足，启予手。《诗》云：'战战兢兢⁽²⁾，如履薄冰⁽³⁾，如临深渊⁽⁴⁾。'而今而后⁽⁵⁾，吾知免夫，小子⁽⁶⁾。"

二、翻译

曾子有疾病，把弟子召在身边说："掀开被子看看我的脚，再看看我的手。《诗经》上说：'战战兢兢，如履薄冰，如临深渊。'从今以后我不会受伤害了，弟子们。"

三、注释

〔1〕启：掀开（被子）。

〔2〕战战兢兢：小心谨慎。

〔3〕如履薄冰：像走在薄冰上一样。

〔4〕如临深渊：像处在深渊一样。

〔5〕而今而后：从今以后。

〔6〕小子：弟子。

第四章

一、原文

曾子有疾，孟敬子[1]问之。曾子言曰[2]："鸟之将死，其鸣也哀；人之将死，其言也善。君子所贵乎道者三：动[3]容貌，斯远暴慢[4]矣；正颜色，斯近信矣；出辞气，斯远鄙倍[5]矣。笾豆[6]之事，则有司[7]存。"

二、翻译

曾子有疾病，孟敬子来探望。曾子强调说："鸟死的时候，叫声是悲哀的；人死的时候，说话是有善意的。君子从三个方面重视道：转变一下容颜相貌，就不会让人觉得残暴和傲慢；使脸色庄重起来，就会增加自己的信誉；注意讲话的言辞和语气，就不会有粗野和悖逆。祭祀礼仪这种事，就让专职人员去办吧。"

三、注释

〔1〕孟敬子：鲁国大夫。

〔2〕言曰：强调说。

〔3〕动：改变，转变。

〔4〕暴慢：残暴和傲慢。

〔5〕鄙倍：粗野和悖逆。倍：悖。

〔6〕笾豆：祭祀礼仪。

〔7〕有司：专职人员。

第五章

一、原文

曾子曰："以能问于不能，以多问于寡，有若无，实若虚，犯而不校⁽¹⁾（jiào），昔者吾友尝从事于斯矣。"

二、翻译

曾子说："有能力的向没有能力的求教，学问多的向学问少的求教，有若无，实若虚，即使被冒犯也不计较，过去我的学友就是这么做的。"

三、注释

〔1〕校：计较。

第六章

一、原文

曾子曰："可以托六尺⁽¹⁾之孤，可以寄百里⁽²⁾之命，临大节⁽³⁾而不可夺也，君子人与？君子人也。"

二、翻译

曾子说："可以把年幼的君主托付给他，可以把国家政权寄托给他，面临生死大事也不屈服，这样的人是君子吗？这样的人就是君子。"

三、注释

〔1〕六尺：未成年。

〔2〕百里：诸侯国。

〔3〕大节：关系生死存亡的大事。

第七章

一、原文

曾子曰："士⁽¹⁾ 不可以不弘⁽²⁾ 毅⁽³⁾，任重而道远。仁以为己任，不亦重乎？死而后⁽⁴⁾ 已⁽⁵⁾，不亦远乎？"

二、翻译

曾子说："读书人不可以没有远大志向和坚强意志，责任重大路途遥远。把仁作为自己的责任，难道不是责任重大吗？到死才罢休，难道这不是路途遥远吗？"

三、注释

〔1〕士：读书人。

〔2〕弘：远大志向。

〔3〕毅：坚强意志。

〔4〕而后：才。

〔5〕已：停止。

第八章

一、原文

子曰："兴⁽¹⁾ 于诗，立于礼，成于乐（yuè）。"

二、翻译

孔子说："修身养性要从学习诗开始，立足社会就得学礼，要想取得成就就得学习音乐。"

三、注释

〔1〕兴：开始。

第九章

一、原文

子曰："民可使由⁽¹⁾之，不可使知⁽²⁾（zhé）之。"

二、翻译

孔子说："可以引导民众，不可以压制民众。"

三、注释

〔1〕由：迪，启迪，引导。

〔2〕知：折，压服，压制。

第十章

一、原文

子曰："好勇疾⁽¹⁾贫，乱也；人而不仁，疾之已甚⁽²⁾，乱也。"

二、翻译

孔子说："好逞勇武，又厌恶贫困，会作乱；人如果不仁，又非常厌恶贫困，也会作乱。"

三、注释

〔1〕疾：厌恶。

〔2〕已甚：非常。

第十一章

一、原文

子曰："如有周公之才之美，使⁽¹⁾骄且吝，其余不足观也已⁽²⁾。"

二、翻译

孔子说："如果有周公那样的杰出才能，假使骄傲又吝啬的话，其余就无须再考察了。"

三、注释

〔1〕使：假使。

〔2〕也已：表示肯定语气。

第十二章

一、原文

子曰："三年学，不至⁽¹⁾于谷⁽²⁾，不易得也。"

二、翻译

孔子说："学了三年，还不立志求取功名，真是难得呀。"

三、注释

〔1〕至：志，立志求取。

〔2〕谷：古代以谷物为俸禄、功名。

第十三章

一、原文

子曰："笃信好学，守死善道，危邦不入，乱邦不居。天下有道则见（xiàn），无道则隐。邦有道，贫且贱焉[1]，耻也；邦无道，富且贵焉，耻也。"

二、翻译

孔子说："坚定信念，勤奋好学，誓死守卫善道，不进入危险的国家，不居住在动乱的国家。天下有道就出来做事，天下无道就隐遁起来。国家有道时，过着贫贱的生活，是耻辱的；国家无道时，过着富贵的生活，也是可耻的。"

三、注释

〔1〕焉：表示状态，……的样子。

第十四章

一、原文

子曰："不在其位，不谋其政。"

二、翻译

孔子说："不在那个位置上，就不要谋划那个位置上的事。"

第十五章

一、原文

子曰："师⁽¹⁾挚⁽²⁾之始,《关雎》⁽³⁾之乱⁽⁴⁾,洋洋乎⁽⁵⁾盈耳哉!"

二、翻译

孔子说："从太师挚演奏序曲开始,到合奏《关雎》结束,乐声洋洋盈耳!"

三、注释

〔1〕师:太师。

〔2〕挚:人名。

〔3〕关雎:《诗经》里的一首诗。

〔4〕乱:合奏。

〔5〕洋洋乎:形容音乐美妙盛大。乎:词缀。

第十六章

一、原文

子曰:"狂而不直,侗⁽¹⁾(tóng)而不愿⁽²⁾,悾(kōng)悾⁽³⁾而不信,吾不知之矣⁽⁴⁾。"

二、翻译

孔子说:"狂傲却不正直,幼稚却不老实,诚恳却不讲信用,我确实不懂这个。"

三、注释

〔1〕侗:幼稚。

〔2〕愿：老实。

〔3〕悾悾：诚恳。

〔4〕矣：确实。

第十七章

一、原文

子曰："学如不及，犹恐失之。"

二、翻译

孔子说："学习要像赶不上一样，还要担心忘记已学过的东西。"

第十八章

一、原文

子曰："巍巍乎[1]，舜禹之有天下也，而不与[2]焉[3]！"

二、翻译

孔子说："伟大啊！舜和禹得到天下，都不是用不正当的手段得来的。"

三、注释

〔1〕巍巍乎：伟大。乎：词缀。

〔2〕与：用不正当的手段得来。

〔3〕焉：表示判断。

第十九章

一、原文

子曰："大哉，尧之为君也！巍巍乎⁽¹⁾，唯天为大，唯尧则⁽²⁾之；荡荡乎⁽³⁾，民无能名⁽⁴⁾焉；巍巍乎，其有成功⁽⁵⁾也；焕乎⁽⁶⁾，其有文章⁽⁷⁾！"

二、翻译

孔子说："伟大啊，君王尧！崇高啊，天道至尊，只有尧顺承天意；无疆啊，百姓无法称颂他！他的功绩是多么伟大啊！他制定的礼仪法度永放光芒！"

三、注释

〔1〕巍巍乎：伟大。

〔2〕则：效法，顺应。

〔3〕荡荡乎：广阔无边。

〔4〕名：称颂。

〔5〕成功：功绩。

〔6〕焕乎：放光芒啊。

〔7〕文章：礼仪法度。

第二十章

一、原文

舜有臣五人而天下治。

武王曰："予有乱臣⁽¹⁾十人。"

孔子曰："才难，不其然乎？唐虞之际⁽²⁾，于斯为盛。有妇人⁽³⁾焉，九人而已。三分天下有其二，以服事殷。周之德，其可谓至德也已矣。"

二、翻译

舜有五位大臣就使天下得到了治理。

武王说："我有治世能臣十人。"

孔子说："人才难得，不是这样吗？唐尧和虞舜时期，人才兴盛。有一位妇女和九位男人而已。拥有三分之二的天下后，仍然服侍殷朝。周朝的德，可以说是最高的德了。"

三、注释

〔1〕乱臣：治世能臣。

〔2〕唐虞之际：唐尧和虞舜时期。

〔3〕妇人：周武王的夫人邑姜。

第二十一章

一、原文

子曰："禹，吾无间然⁽¹⁾矣！菲⁽²⁾（fěi）饮食而致⁽³⁾孝乎鬼神；恶⁽⁴⁾衣服而致美乎黻（fú）冕⁽⁵⁾（miǎn）；卑宫室而尽力乎沟洫⁽⁶⁾（xù）。禹，吾无间然矣！"

二、翻译

孔子说："大禹啊，我对你没有什么可挑剔的。你吃的是粗茶淡饭，却尽力孝敬鬼神；你平日里穿的衣服破旧，祭祀时却穿着华美的祭服；你居住的宫殿简陋，却努力修建农田水利。大禹啊，我对你没有什么可挑剔的。"

三、注释

〔1〕间然：非议，指责。然：的。

〔2〕菲：简单的，微薄的。

〔3〕致：尽力。

〔4〕恶：破旧。

〔5〕黻冕：祭服。

〔6〕沟洫：农田水利。

子罕篇第九

第一章

一、原文

子罕⁽¹⁾言利与命与仁。

二、翻译

孔子很少谈论利和命以及仁。

三、注释

〔1〕罕：稀少，很少。

第二章

一、原文

达巷党⁽¹⁾人曰："大哉孔子！博学而无所成名。"

子闻之，谓门弟子曰⁽²⁾："吾何执⁽³⁾？执御⁽⁴⁾乎？执射乎？吾执御矣。"

二、翻译

达巷党人说："孔子真伟大！博学却没有成名的技艺。"

孔子听说后，对弟子们说："我专攻什么呢？驾车呢，还是射箭呢？驾车吧。"

三、注释

〔1〕达巷党：地名。

〔2〕谓……曰：对……说。

〔3〕执：掌握，专攻。

〔4〕御：驾车。

第三章

一、原文

子曰："麻冕[1]，礼也；今也纯[2]，俭，吾从众。拜下[3]，礼也；今拜乎[4]上，泰[5]也。虽违众，吾从下。"

二、翻译

孔子说："麻布礼帽，符合礼制；现在用丝绸礼帽，节俭，我随从大众。在堂下拜见国君，符合礼制；现在在堂上拜见国君，娇纵傲慢。即使违背大众，我还是坚持在堂下拜见国君。"

三、注释

〔1〕麻冕：麻布礼帽。冕：古代帝王及地位在大夫以上的官员们戴的礼帽。

〔2〕纯：丝绸。

〔3〕拜下：在堂下拜国君。

〔4〕乎：在。

〔5〕泰：娇纵傲慢。

第四章

一、原文

子绝四：毋意[1]，毋必，毋固，毋我。

二、翻译

孔子杜绝这四种情况：不主观，不绝对，不固执，不自我。

三、注释

〔1〕意：主观。

第五章

一、原文

子畏⁽¹⁾于匡⁽²⁾，曰："文王既没⁽³⁾（mò），文不在兹⁽⁴⁾乎？天之将丧斯文也，后死者⁽⁵⁾不得与⁽⁶⁾于斯文也；天之未丧斯文也，匡人其如予何⁽⁷⁾？"

二、翻译

孔子在匡地被围困，说："文王去世，文化不在这里吗？天如果想要失去这文化，我就不会掌握这文化了。天如果不想失去这文化，匡人能奈我何？"

三、注释

〔1〕畏：同"围"，围困。

〔2〕匡：地名。

〔3〕既没：去世。

〔4〕兹：这里。

〔5〕后死者：指孔子本人。

〔6〕与：掌握。

〔7〕如予何：奈我何。

第六章

一、原文

太宰⁽¹⁾问于子贡曰："夫子⁽²⁾圣者与？何其⁽³⁾多能也？"

子贡曰："固⁽⁴⁾天纵⁽⁵⁾之将圣又多能也。"

子闻之，曰："太宰知我乎？吾少也贱，故多能鄙事。君子多乎哉？不多也。"

二、翻译

太宰问子贡说："你们的老师是圣人吧？怎么那么多才能呢？"

子贡说："一定是上天要使他成为圣人，又多能吧。"

孔子听说后，说："太宰了解我吗？我年少时出身贫寒，所以才会做些卑贱的事情。君子多能吗？不多能。"

三、注释

〔1〕太宰：官职，百官之首。

〔2〕夫子：老师，指孔子。

〔3〕何其：怎么这么多。

〔4〕固：一定。

〔5〕纵：使。

第七章

一、原文

牢⁽¹⁾曰："子云：'吾不试⁽²⁾，故艺⁽³⁾。'"

二、翻译

牢说："孔子说过：'我没有官职，所以才有这么多才艺。'"

三、注释

〔1〕牢：人名，已不可考。

〔2〕试：任用，试官（出任官职）。

〔3〕艺：才艺。古时候指六艺，即礼、乐、射、御、书、数。

第八章

一、原文

子曰："吾有知乎哉[1]？无知也。有鄙夫[2]问于我，空空如也，我叩其两端而竭[3]焉。"

二、翻译

孔子说："我有知识吗？我没有什么知识。有个无知的人向我求教，在一无所知的情况下，我从事物的两端进行叩问，于是就把问题搞明白了。"

三、注释

〔1〕乎哉：吗。

〔2〕鄙夫：见识浅薄的人，没有知识的人。

〔3〕竭：穷尽。

第九章

一、原文

子曰："凤鸟[1]不至，河[2]不出图[3]，吾已矣夫[4]。"

二、翻译

孔子说："凤凰不飞来，黄河不出神图，我完了。"

三、注释

〔1〕凤鸟：凤凰，神鸟。

〔2〕河：黄河。

〔3〕图：河图，神图。

〔4〕已矣夫：完了。

第十章

一、原文

子见齐（zī）衰⁽¹⁾（cuī）者，冕⁽²⁾衣裳者与瞽⁽³⁾（gǔ）者，见之，虽少，必作⁽⁴⁾；过之，必趋⁽⁵⁾。

二、翻译

孔子遇见穿丧服的人，带官帽穿官服的人和盲人，遇见他们，即使年少，也必定起身站立以示尊敬；走过他们时，必定加快脚步。

三、注释

〔1〕齐衰：丧服。

〔2〕冕：官帽。

〔3〕瞽：瞎。

〔4〕作：起身站立。

〔5〕趋：快步走。

第十一章

一、原文

颜渊喟（kuì）然[1]叹曰："仰之弥高，钻之弥坚，瞻之在前，忽焉[2]在后。夫子循循然[3]善诱人，博我以文，约我以礼，欲罢不能。即竭吾才，如有所立卓尔[4]。虽欲从之，末[5]由[6]也已[7]。"

二、翻译

颜渊感慨地叹息说："越看就越觉得高，越钻研就越觉得难，眼看在前面，忽然又到了后面。老师善于有步骤地引导人，让我广博地学习文化知识和各种礼数，想停都停不下来。即使用尽我全部的力量，就像有个高大的东西矗立在我面前。虽然想跟上，但还是没有办法跟上。"

三、注释

〔1〕喟然：叹气的样子。

〔2〕忽焉：快速的样子。

〔3〕循循然：有顺序的样子。

〔4〕卓尔：高大的样子。

〔5〕末：莫，没有。

〔6〕由：方法。

〔7〕也已：语气词。

第十二章

一、原文

子疾病，子路使门人为臣[1]，病间[2]，曰："久矣哉，由之行诈也[3]。无臣而为有臣。吾谁欺[4]？欺天乎？且[5]予与其[6]死于臣之手也，无宁死于二三子[7]之手乎！且予纵[8]不得大葬[9]，予死于道路乎？"

二、翻译

孔子得了重病，子路让学生扮成家臣，孔子病好些后，说："子路行诈已经好久了。我没有家臣而装作有家臣。我欺骗谁呢？欺骗天吗？况且，我与其死在家臣的手里，还不如死在你们这些弟子的手里。此外，我即使享受不到大夫的葬礼，我会死在马路上吗？"

三、注释

〔1〕臣：家臣。

〔2〕病间：疾病减轻期间。

〔3〕久矣哉，由之行诈也：倒装句，正常语序为"由之行诈也，久矣哉"。

〔4〕吾谁欺：倒装句，正常语序为"吾欺谁"。

〔5〕且：况且。

〔6〕与其……无宁……：与其……不如……。

〔7〕二三子：弟子。

〔8〕纵：即使。

〔9〕大葬：大夫的礼葬。

第十三章

一、原文

子贡曰："有美玉于斯，韫[1]（yùn）椟[2]（dú）而藏诸[3]？求善贾[4]（gǔ）而沽[5]（gū）诸？"

子曰："沽之哉，沽之哉！我待贾者也。"

二、翻译

子贡说："这里有块美玉，把它藏在匣子里好呢？还是找个好买家卖掉好呢？"

孔子说："卖掉吧，卖掉吧！我正等着好买家呢。"

三、注释

〔1〕韫：收藏。

〔2〕椟：匣子。

〔3〕诸：之乎。

〔4〕贾：商人。

〔5〕沽：买，卖。

第十四章

一、原文

子欲居九夷[1]。或[2]曰："陋，如之何？"

子曰："君子居之，何陋之有？"

二、翻译

孔子想到九夷去居住，有人说："那里太简陋了，怎么能居住呢？"

孔子说："君子居住的地方，怎么能说是简陋呢？"

三、注释

〔1〕九夷：东方沿海部落的统称。

〔2〕或：有人。

第十五章

一、原文

子曰："吾自卫反〔1〕鲁，然后乐正〔2〕，雅、颂〔3〕各得其所。"

二、翻译

孔子说："我从卫国返回鲁国后，开始修正乐曲，《诗经》中的雅、颂也都整理妥当了。"

三、注释

〔1〕反：返。

〔2〕乐正：修正乐曲。

〔3〕雅、颂：《诗经》中不同类型的诗。

第十六章

一、原文

子曰："出则事公卿，入则事父兄，丧事不敢不勉，不为酒困。何有于我哉？"

二、翻译

孔子说："在外面侍奉公卿，在家里侍奉父母兄长，丧事不敢不尽力办，不被酒所困扰。对我来说，这有什么呢？"

第十七章

一、原文

子在川上曰："逝⁽¹⁾者如斯夫⁽²⁾，不舍⁽³⁾昼夜！"

二、翻译

孔子站在河岸上说："离开的就像是这个啊，白天和晚上都不停息！"

三、注释

〔1〕逝：去，离开。

〔2〕夫：感叹词，啊。

〔3〕舍：停息。

第十八章

一、原文

子曰："吾未见好德如好色者也。"

二、翻译

孔子说："我没见过爱好德如爱好色的人。"

第十九章

一、原文

子曰："譬如为山⁽¹⁾，未成一篑⁽²⁾，止，吾止也；譬如平地，虽覆一篑，进，吾往也。"

二、翻译

孔子说："譬如堆土成山，差一筐土就要堆成了，如果停止，是我自己停止下来的；譬如平整土地，刚倒了一筐土，如果继续下去，是我自己要继续的。"

三、注释

〔1〕为山：堆山。

〔2〕篑：盛土的筐子。

第二十章

一、原文

子曰："语之而不惰者，其⁽¹⁾回也与？"

二、翻译

孔子说："说了就马上办的人，恐怕只有颜回吧？"

三、注释

〔1〕其：副词，恐怕……吧。

第二十一章

一、原文

子谓颜渊曰："惜乎！吾见其进也，未见其止也。"

二、翻译

孔子评论颜渊说："可惜呀！我只见到他前进，没见到他停止。"

第二十二章

一、原文

子曰："苗而不秀[1]者有矣夫[2]，秀而不实者有矣夫！"

二、翻译

孔子说："青苗不吐穗开花的情况是有的，吐穗开花却不结果的情况也是有的。"

三、注释

〔1〕秀：吐穗开花。

〔2〕矣夫：语气词，表示感叹。

第二十三章

一、原文

子曰："后生可畏，焉[1]知来者之不如今也？四十五十而无闻焉[2]，斯亦不足畏也已[3]。"

二、翻译

孔子说："后生可畏，怎么知道后来的人不如现在的人呢？如果四十岁五十岁还默默无闻，也就没有什么可敬畏的了。"

三、注释

〔1〕焉：表示疑问，怎么。

〔2〕焉：介词，如果。

〔3〕也已：语气词，表示肯定，了。

第二十四章

一、原文

子曰："法⁽¹⁾语⁽²⁾之言，能无从⁽³⁾乎？改之为贵。巽⁽⁴⁾（xùn）与⁽⁵⁾之言，能无说（yuè）乎？绎⁽⁶⁾（yì）之为贵。说而不绎，从而不改，吾末⁽⁷⁾如之何⁽⁸⁾也已矣⁽⁹⁾。"

二、翻译

孔子说："正言相劝的话，能不听吗？能改才好。恭顺赞美的话，能不高兴吗？能辨别出好坏才好。光高兴却不加辨别，光说听从却不改正，对这种人，我不知道怎么办才好。"

三、注释

〔1〕法：正规的，正统的。

〔2〕语：言论，建议。

〔3〕从：听从，顺从。

〔4〕巽：恭顺。

〔5〕与：赞许，赞美。

〔6〕绎：理出头绪，分析辨别。

〔7〕末：没有。

〔8〕如之何：怎么办。

〔9〕也已矣：加强语气。

第二十五章

一、原文

子曰："主⁽¹⁾忠信；无友不如己者；过则勿惮⁽²⁾（dàn）
改。"

二、翻译

孔子说："保持忠信；没有朋友不如自己；有错误
就不要怕改正。"

三、注释

〔1〕主：保持，掌管。

〔2〕惮：害怕，畏惧。

第二十六章

一、原文

子曰："三军可夺⁽¹⁾帅也，匹夫⁽²⁾不可夺志也。"

二、翻译

孔子说："三军可以丧失统帅，男子汉不可以丧失
意志。"

三、注释

〔1〕夺：丧失。

〔2〕匹夫：平民中的男子。

第二十七章

一、原文

子曰："衣⁽¹⁾敝⁽²⁾（bì）缊⁽³⁾（yùn）袍，与衣狐貉（hé）者立，而不耻者，其⁽⁴⁾由也与？'不忮（zhì）不求，何用不臧⁽⁵⁾？'"子路终身诵之。

子曰："是⁽⁶⁾道也，何足以臧⁽⁷⁾？"

二、翻译

孔子说："穿着破旧棉袄，与穿着狐貉皮袄的人站在一起，却不以为是羞耻的人，大概只有子路吧？'不嫉妒，不贪求，凭什么不好呢？'"子路反复朗诵这句诗。

孔子说："这是正道，有什么值得炫耀的呢？"

三、注释

〔1〕衣：穿衣。

〔2〕敝：破旧。

〔3〕缊：旧絮。

〔4〕其：大概。

〔5〕不忮不求，何用不臧：《诗经•邶（bèi）风•雄雉（zhì）》中的一句诗，意思是：不嫉妒，不贪求，凭什么不好呢。忮：嫉妒；臧：善，好；何用：倒装句，正常语序为"用何"，凭什么。

〔6〕是：这。

〔7〕臧：炫耀。

第二十八章

一、原文

子曰："岁寒，然后知松柏之后凋也。"

二、翻译

孔子说："在寒冷季节，就知道松柏是最后凋谢的了。"

第二十九章

一、原文

子曰："知[1]者不惑，仁者不忧，勇者不惧。"

二、翻译

孔子说："智者不迷惑，仁者不忧愁，勇者不恐惧。"

三、注释

〔1〕知：智。

第三十章

一、原文

子曰："可与共学，未可与适[1]道；可与适道，未可与立[2]；可与立，未可与权[3]。"

二、翻译

孔子说："可以在一起共同学习，未必能一起归于道；可一起归于道，未必能一起坚守；能一起坚守，未必能一起做到权变。"

三、注释

〔1〕适：归向。

〔2〕立：坚守。

〔3〕权：权变。

第三十一章

一、原文

"唐棣（dì）之华⁽¹⁾，偏其反而⁽²⁾；岂不尔思⁽³⁾，室是远而⁽⁴⁾。"

子曰："未之思也⁽⁵⁾，夫何远之有⁽⁶⁾？"

二、翻译

"唐棣的花朵，在风中摇曳；怎么能不思念你呢？家离得确实太远了。"

孔子说："还是没有思念啊。如果思念的话，有什么远的呢？"

三、注释

〔1〕唐棣之华：唐棣的花朵。唐棣：一种开花的植物；华：花。这句诗可能来自《诗经•小雅•常棣》，原文为"常棣之华"，但其他诗句无从考证。

〔2〕偏其反而：在风中摇曳。偏：翩；其：词缀；反：返；而：表示感叹。

〔3〕岂不尔思：倒装句，正常语序为"岂不思尔"。尔：你。

〔4〕室是远而：家离得确实太远。室：家；是：加强语气，的确，确实；而：表示感叹。

〔5〕未之思也：没有思念。之：结构助词。

〔6〕夫何远之有：有什么远的呢。夫：发语词；何远之有：倒装句，正常语序为"有何远之"。

乡党篇第十

第一章

一、原文

孔子于乡党⁽¹⁾，恂⁽²⁾（xún）恂如也，似不能言者；其在宗庙朝廷，便⁽³⁾便言，唯谨尔⁽⁴⁾。

二、翻译

孔子在家乡，温和恭顺，好像不会说话的样子；他在宗庙朝廷，却善于辞令，只是小心谨慎而已。

三、注释

〔1〕乡党：家乡。

〔2〕恂：温和恭顺。

〔3〕便：辩。

〔4〕尔：而已。

第二章

一、原文

朝⁽¹⁾，与下大夫言，侃（kǎn）侃⁽²⁾如也；与上大夫言，訚（yín）訚⁽³⁾如也。君在，踧（cù）踖⁽⁴⁾（jí）如也，与与⁽⁵⁾如也。

二、翻译

在朝堂上，孔子与下大夫说话，温和快乐；与上大夫说话，正直公正；国君在时，恭敬不安，小心谨慎，且仪态适度。

三、注释

〔1〕朝：上朝，在朝堂上。

〔2〕侃侃：说话温和快乐。

〔3〕訚訚：说话正直公正。

〔4〕踧踖：恭敬不安。

〔5〕与与：小心谨慎，且仪态适度。

第三章

一、原文

君召，使⁽¹⁾摈⁽²⁾（bìn），色勃⁽³⁾如也，足躩⁽⁴⁾（jué）如也；揖（yī）所与立，左右手；衣前后，襜⁽⁵⁾（chān）如也；趋进⁽⁶⁾，翼如也。宾退，必复命曰："宾不顾矣。"

二、翻译

国君召见孔子，派他去招待宾客，这时孔子的脸色就严肃起来，走路也快了起来；他向站在周围的人作揖；走路时衣服前后摆动，整齐有致；他用小步快走，像鸟儿展翅一样。宾客走后，孔子一定回来向国君报告说："宾客已经走远了，看不见了。"

三、注释

〔1〕使：差遣。

〔2〕摈：傧，迎宾。

〔3〕色勃：突然转变脸色。

〔4〕躩：快步走。

〔5〕襜：衣服整齐，飘动有致。

〔6〕趋进：用小步快走。

第四章

一、原文

入公门，鞠躬如也，如不容；立不中门，行不履阈⁽¹⁾（yù）；过位⁽²⁾，色勃如也，足躞（jué）如也，其言似不足者；摄（shè）齐⁽³⁾（zī）升堂，鞠躬如也，屏气似不息者；出，降一等⁽⁴⁾，逞⁽⁵⁾颜色，怡怡⁽⁶⁾如也；没阶⁽⁷⁾，趋进，翼如也；复其位，踧踖如也。

二、翻译

孔子进入宫门时，低头弯腰，像无法容身的样子；不在门中间站立，不踩踏门槛；经过国君的位置时，脸色严肃，快步走过，好像不会说话的样子；孔子提起衣服下摆走上朝堂，也要低头弯腰，屏住气好像不能呼吸的样子；孔子退出朝堂，走下台阶时，脸色就放松了，显得轻松愉快；走下台阶后，快步前行，像鸟儿展翅的样子；回到自己的位置时，又显得恭敬不安。

三、注释

〔1〕阈：门槛。

〔2〕过位：经过君主所在的位置。

〔3〕摄齐：提起衣摆。

〔4〕降一等：走下一级台阶。

〔5〕逞：放松。

〔6〕怡怡：喜悦欢乐。

〔7〕没阶：走下台阶。

第五章

一、原文

执圭，鞠躬如也，如不胜。上如揖，下如授。勃⁽¹⁾如战色⁽²⁾，足蹜（sù）蹜⁽³⁾如有循。享礼⁽⁴⁾，有容色。私觌⁽⁵⁾（dí），愉愉如也。

二、翻译

孔子手捧着圭，像是鞠躬，又像是捧不起来的样子。向上举像是作揖，放下时像是受授。孔子的脸色突然变得敬畏起来，小步快走，像是沿着划定的线路走路。孔子进献礼物时，和颜悦色。私人会面，又显得轻松愉快。

三、注释

〔1〕勃：突然转变。

〔2〕战色：敬畏的样子。

〔3〕蹜蹜：小步快走。

〔4〕享礼：进献礼物。

〔5〕觌：见面。

第六章

一、原文

君子不以绀⁽¹⁾（gàn）緅⁽²⁾（zōu）饰，红紫不以为亵⁽³⁾（xiè）服。当暑袗⁽⁴⁾（zhěn）絺⁽⁵⁾（chī）绤⁽⁶⁾（xì），必表而出之。缁⁽⁷⁾（zī）衣羔裘⁽⁸⁾（qiú），素衣麑⁽⁹⁾（ní）裘，黄衣狐裘。亵裘长，短右袂⁽¹⁰⁾（mèi）。必

有寝衣，长一身有半。狐貉之厚以居。去丧，无所不佩。非帷裳〔11〕，必杀〔12〕（shài）之。羔裘玄冠〔13〕不以吊。吉月〔14〕，必朝服而〔15〕朝。

二、翻译

君子不穿青红色或黑红色服饰，在家不穿红紫色衣服。夏天穿细葛布或粗葛布衣服，一定要穿外衣。黑色羊羔皮衣，白色小鹿皮衣，黄色狐皮衣。衣服要宽大，右手袖子要短。穿睡衣就寝，睡衣的长度要一身半。用狐貉皮毛制作座垫。不服丧时，可以佩戴各种饰物。如果不是朝祭穿的衣服，应该进行裁剪缝制。参加吊唁不能穿羊羔皮衣、戴黑色礼帽。每月初一要穿朝服上朝。

三、注释

〔1〕绀：青红的颜色。斋戒时穿的衣服。

〔2〕緅：黑红的颜色。丧服的颜色。

〔3〕亵：在家穿的衣服。

〔4〕袗：单衣。

〔5〕绤：细葛布。

〔6〕绤：粗葛布。

〔7〕缁：黑色。

〔8〕裘：皮衣。

〔9〕麑：小鹿。

〔10〕袂：衣服的袖子。

〔11〕帷裳：由整块布做成的祭服。

〔12〕杀：裁剪缝制。

〔13〕玄冠：黑色的帽子。

〔14〕吉月：每月初一。

〔15〕而：连词，表示目的。

第七章

一、原文

齐⁽¹⁾（zhāi），必有明衣⁽²⁾，布⁽³⁾。齐（zhāi），必变食⁽⁴⁾，居必迁坐⁽⁵⁾。

二、翻译

斋戒，要穿上用布制作的干净衣服。斋戒，要改变饮食起居。

三、注释

〔1〕齐：斋戒。

〔2〕明衣：干净衣服。

〔3〕布：用布制作。

〔4〕变食：改变饮食。

〔5〕居必迁坐：改变起居。

第八章

一、原文

食不厌精，脍⁽¹⁾（kuài）不厌细；食饐⁽²⁾（yì）而餲⁽³⁾（ài），鱼馁⁽⁴⁾（něi）而肉败⁽⁵⁾，不食；色恶（ě），不食；臭⁽⁶⁾（xiù）恶，不食；失饪，不食；不时，不食；割不正，不食；不得其酱⁽⁷⁾，不食；肉虽多，不使胜食气⁽⁸⁾（xì）；唯酒无量，不及乱⁽⁹⁾；沽（gū）酒市⁽¹⁰⁾脯（fǔ），不食；不撤姜食，不多食。

二、翻译

饭食越精越好，肉丝越细越好；腐败变质的饭食和腐败变质的鱼肉，不吃；颜色不对，不吃；味道不对，不吃；烹饪不合适，不吃；时间不合适，不吃；切割不正，不吃；少了调味品，不吃；肉虽然多，不要超过主食；酒随便喝，但不要喝醉；买来的酒，不喝；买来的肉脯，不吃；不撤走姜，不要多吃。

三、注释

〔1〕脍：肉丝，肉末。

〔2〕馁：腐败发臭。

〔3〕餲：食物放久变味。

〔4〕馁：腐败。

〔5〕败：腐烂变质。

〔6〕臭：不好闻的气味。

〔7〕酱：调味品。

〔8〕气：饩，粮食，饭食，主食。

〔9〕乱：混乱，迷乱。

〔10〕沽、市：买。

第九章

一、原文

祭于公⁽¹⁾，不宿肉⁽²⁾。祭肉不出三日，出三日，不食之矣。

二、翻译

朝廷举办祭祀活动用的肉不能过夜。祭肉不要超过三天，超过三天，就不要吃了。

三、注释

〔1〕祭于公：朝廷举办的祭祀活动。

〔2〕宿肉：过夜的肉。

第十章

一、原文

食不语，寝不言。

二、翻译

吃饭时不要说话，就寝时不要言语。

第十一章

一、原文

虽⁽¹⁾疏食⁽²⁾菜羹⁽³⁾，瓜祭⁽⁴⁾，必齐⁽⁵⁾（zhāi）如也。

二、翻译

即使是粗茶淡饭，也要把食物分出一点来祭祖，必须像斋戒一样庄重。

三、注释

〔1〕虽：即使。

〔2〕疏食：粗茶淡饭。

〔3〕菜羹：青菜汤。

〔4〕瓜祭：把食物分出一点来祭祖。

〔5〕齐：斋戒。

第十二章

一、原文

席不正，不坐。

二、翻译

座席没放正，不要就坐。

第十三章

一、原文

乡人饮酒，杖者出，斯⁽¹⁾出矣。

二、翻译

同乡人喝酒，老年人离开后，年轻人才能离开。

三、注释

〔1〕斯：才。

第十四章

一、原文

乡人傩⁽¹⁾（nuó），朝服而立于阼（zuò）阶⁽²⁾。

二、翻译

同乡人在举行迎神驱鬼的仪式时，应当穿着朝服站在大堂东面的台阶上迎客。

三、注释

〔1〕傩：一种迎神驱鬼的仪式。

〔2〕阼阶：大堂东面的台阶。

第十五章

一、原文

问人于他邦,再拜而送之。

二、翻译

孔子请人代为向在别国的人问好时,要两次行礼后才把人送走。

第十六章

一、原文

康子⁽¹⁾馈药,拜而受之,曰:"丘未达⁽²⁾,不敢尝。"

二、翻译

季康子馈赠药品给孔子,孔子拜谢后把药收下,说:"我孔丘不显达,不敢尝这药。"(意思是我孔丘没有资格吃你这个达官贵人送的药。)

三、注释

〔1〕康子:季康子,鲁国正卿。

〔2〕达:显达,得到显要的地位。

第十七章

一、原文

厩⁽¹⁾(jiù)焚。子退朝,曰:"伤人乎?"不问马。

二、翻译

马棚失火了。孔子退朝回家后,说:"伤人了吗?"

不问马的事。

三、注释

〔1〕厩：马棚。

第十八章

一、原文

君赐食，必正席先尝之。君赐腥⁽¹⁾，必熟而荐⁽²⁾之。君赐生⁽³⁾，必畜之。侍食于君，君祭，先饭⁽⁴⁾。

二、翻译

国君赏赐食物，要摆正座席先尝一口，国君赏赐生肉，煮熟后要先祭祀祖先。国君赏赐活物，要饲养起来。陪国君吃饭，要在国君祭祀时，先尝饭。

三、注释

〔1〕腥：生肉。

〔2〕荐：进献（祖先），祭献。

〔3〕生：活物。

〔4〕先饭：先尝饭。

第十九章

一、原文

疾，君视之，东首⁽¹⁾，加朝服、拖绅⁽²⁾。

二、翻译

孔子生病，国君来探望，应该头朝东躺着，身上还要盖上朝服和绶带。

三、注释

〔1〕东首：头朝东躺着。

〔2〕拖绅：绶带。

第二十章

一、原文

君命召，不俟⁽¹⁾（sì）驾，行矣。

二、翻译

如果国君召见，不要等车驾备好，就应该先徒步前行。

三、注释

〔1〕俟：等待。

第二十一章

一、原文

入太庙⁽¹⁾，每事问。

二、翻译

进入周公庙，每件事都要询问。

三、注释

〔1〕太庙：鲁国的周公庙。

第二十二章

一、原文

朋友死，无所归⁽¹⁾，曰："于⁽²⁾我殡。"

二、翻译

朋友死了，没有入土归安，孔子说："由我来安葬吧。"

三、注释

〔1〕所归：所字结构，归土。

〔2〕于：由。

第二十三章

一、原文

朋友之馈，虽车马，非祭肉，不拜。

二、翻译

朋友馈赠，即使是车马，如果不是祭肉，也不拜谢。

第二十四章

一、原文

寝不尸，居 [1] 不客。

二、翻译

就寝不能像挺尸那样，在家不能像做客那样。

三、注释

〔1〕居：在家。

第二十五章

一、原文

见齐（zī）衰 [1]（cuī）者，虽狎 [2]（xiá），必变 [3]。

见冕（miǎn）者与瞽（gǔ）者[4]，虽亵[5]（xiè），必以貌。凶服者式[6]之。式负版者[7]。有盛馔[8]（zhuàn），必变色而作。迅雷风烈，必变[9]。

二、翻译

遇见穿丧服的人，即使关系亲密，也一定要把脸色沉下来表示同情。遇见官员和乐师，即使关系熟悉，也一定要以礼貌相待。在车上遇见穿丧服的人，要凭轼致敬。对背负国家地图的人，也要凭轼致敬。有丰盛的宴席，一定要改变神色，起身致谢。迅雷风烈，必有异常现象发生。

三、注释

〔1〕齐衰：丧服。

〔2〕狎：亲近，亲密。

〔3〕变：改变神色。

〔4〕瞽者：盲人，通常指乐师。

〔5〕亵：亲近，密切。

〔6〕式：凭轼致敬。式：轼，古代车厢前面用作扶手的横木。

〔7〕负版者：背负版图的人。

〔8〕馔：饮食。

〔9〕变：发生灾害或异常的自然现象。

第二十六章

一、原文

升车[1]，必正立，执绥[2]（suí）；车中，不内顾，不疾言，不亲指。

二、翻译

上车时，一定要正立站稳，抓住绳索上车；在车里，不要左顾右盼，不要急促说话，也不要指指点点。

三、注释

〔1〕升车：上车。

〔2〕执绥：抓住绳索上车。

第二十七章

一、原文

色斯举矣⁽¹⁾，翔而后集⁽²⁾，曰："山梁雌雉⁽³⁾，时哉⁽⁴⁾！时哉！"子路共⁽⁵⁾之，三臭⁽⁶⁾（jú）而作⁽⁷⁾。

二、翻译

色彩鲜艳的野鸡飞起来，飞翔了一段时间后又聚集起来，孔子说："山梁上的母野鸡，时运来了，时运来了！"子路弯下腰，野鸡展了展双翅，然后飞走了。

三、注释

〔1〕色斯举矣：色彩鲜艳的野鸡飞起来。色：色彩漂亮的野鸡；斯：之，结构助词；举：飞，飞起；矣：了。

〔2〕集：聚集。

〔3〕雉：野鸡。

〔4〕时哉：恰逢其时。

〔5〕拱：弯曲成弧形。

〔6〕臭：展双翅。

〔7〕作：起飞。

先进篇第十一

第一章

一、原文

子曰："先进⁽¹⁾于⁽²⁾礼乐，野人⁽³⁾也；后进⁽⁴⁾于礼乐，君子也。如用之，则吾从先进。"

二、翻译

孔子说："率先创作礼乐的人，是乡野的人；跟随学习礼乐的人，是君子。如果让我选用人才，那么我选择率先创作的人。"

三、注释

〔1〕先进：先辈，率先创作的人。

〔2〕于：在……方面。

〔3〕野人：生活在乡间的人，与"国人"相对。

〔4〕后进：后辈，跟随学习的人。

第二章

一、原文

子曰："从我于陈蔡⁽¹⁾者，皆不及门⁽²⁾也。"

二、翻译

孔子说："跟我到陈国和蔡国的学生，现在都不登门授课了。"

三、注释

〔1〕陈蔡：陈国和蔡国。

〔2〕及门：登门授课。

第三章

一、原文

德行：颜渊、闵子骞、冉伯牛、仲弓。

言语：宰我、子贡。

政事：冉有、季路。

文学：子游、子夏。

二、翻译

在德行方面的优等生是：颜渊、闵子骞、冉伯牛、仲弓。

在言语方面的优等生是：宰我、子贡。

在政事方面的优等生是：冉有、季路。

在文学方面的优等生是：子游、子夏。

第四章

一、原文

子曰："回也非助我者也，于吾言无所不说[1]（yuè）。"

二、翻译

孔子说："颜回对我没有什么帮助，因为对我说的话，他没有不心悦诚服的。"

三、注释

〔1〕说：悦，高兴。

第五章

一、原文

子曰："孝哉闵子骞[1]！人不间[2]于其父母昆[3]弟之言。"

二、翻译

孔子说："闵子骞真孝顺啊！人们都不怀疑他父母兄弟对他的赞扬之词。"

三、注释

〔1〕闵子骞：孔子的学生。

〔2〕间：质疑。

〔3〕昆：哥哥。

第六章

一、原文

南容[1]三复[2]"白圭"[3]，孔子以[4]其兄之子[5]妻之。

二、翻译

南容反复吟诵"白圭"诗句，孔子把他哥哥的女儿嫁给了南容。

三、注释

〔1〕南容：孔子的学生。

〔2〕三复：反复吟诵。

〔3〕白圭：白玉礼器。《诗经·大雅·抑》中的诗句："白圭

之玷（diàn，缺点），尚可磨也；斯言之玷，不可为也。"意思是：白玉礼器上的瑕疵，是可以抹掉的；言语中的瑕疵，是无法抹掉的。

〔4〕以：把。

〔5〕子：女儿。

第七章

一、原文

季康子⁽¹⁾问："弟子孰为好学？"

孔子对曰："有颜回者好学，不幸短命死矣！今也则亡⁽²⁾（wú）。"

二、翻译

季康子问："你的弟子谁最爱好学习？"

孔子回答说："有个叫颜回的学生最爱好学习，不幸短命死了。现在没了。"

三、注释

〔1〕季康子：鲁国正卿。

〔2〕亡：无，没。

第八章

一、原文

颜渊死，颜路⁽¹⁾请子之车以为之椁⁽²⁾（guǒ）。子曰："才不才，亦各言其子也。鲤⁽³⁾也死，有棺而无椁。吾不徒行以为之椁，以⁽⁴⁾吾从大夫后⁽⁵⁾，不可徒行也。"

二、翻译

颜渊死了，颜路请求孔子把孔子的座驾给颜渊当椁用。孔子说："不管有才没才，就说说各自的儿子吧。我的儿子孔鲤死了，也是有棺而没有椁。我不能为了椁就徒步行走，因为我曾经是大夫一级的官员，是不能徒步行走的。"

三、注释

〔1〕颜路：孔子的学生，颜渊（颜回）的父亲。

〔2〕椁：套在内棺材外的大棺材。

〔3〕鲤：孔鲤，孔子的儿子。

〔4〕以：由于，因为。

〔5〕从大夫后：孔子曾是大夫一级的官员。从：跟随，跟从。

第九章

一、原文

颜渊死，子曰："噫！天丧予！天丧予！"

二、翻译

颜渊死了，孔子说："哎呀！老天爷这是想要我的命啊！老天爷这是想要我的命啊！"

第十章

一、原文

颜渊死，子哭之恸[1]（tòng），从者曰："子恸矣！"子曰："有恸乎？非夫人[2]之为恸，而谁为？"

二、翻译

颜渊死了，孔子哭得很悲恸，随从的弟子说："您哭得太悲恸了！"

孔子说："悲恸吗？不为这个人悲恸，为谁悲恸？"

三、注释

〔1〕恸：极其悲哀。

〔2〕夫人：这个人。夫：代词，这。

第十一章

一、原文

颜渊死，门人欲厚葬之，子曰："不可。"门人厚葬之。

子曰："回也视予犹父也，予不得视犹子也。非我也，夫二三子〔1〕也。"

二、翻译

颜渊死了，孔子的弟子想厚葬颜渊，孔子说："不要这样做。"孔子的弟子还是厚葬了颜渊。

孔子说："颜回把我当作父亲，我却不能把他当作儿子。这不能怨我，是你们这些弟子的所作所为造成的。"

三、注释

〔1〕二三子：弟子。

第十二章

一、原文

季路〔1〕问事鬼神，子曰："未能事人，焉〔2〕能事鬼？"

曰：“敢⁽³⁾问死？”

曰：“未知生，焉知死？”

二、翻译

季路请教如何侍奉鬼神，孔子说：“还没侍奉好人，怎么能侍奉鬼？”

季路说：“请问死是怎么回事？”

孔子说：“还不明白生，怎么能知道死？”

三、注释

〔1〕季路：子路，孔子的学生。

〔2〕焉：疑问词，怎么。

〔3〕敢：谦词。

第十三章

一、原文

闵子⁽¹⁾侍⁽²⁾侧，訚（yín）訚⁽³⁾如也；子路行（hàng）行⁽⁴⁾如也；冉有、子贡侃侃如也。子乐：“若由也，不得其死然⁽⁵⁾。”

二、翻译

闵子站在孔子身旁，显得和颜悦色；子路流露出刚正不阿的神态；冉有、子贡侃侃而谈。孔子心里高兴地说：“像仲由这样，恐怕不得善终啊。”

三、注释

〔1〕闵子：孔子的学生。

〔2〕侍：在尊长旁边陪着。

〔3〕訚訚：和颜悦色。

〔4〕行行：刚正不阿。

〔5〕然：表示断定。

第十四章

一、原文

鲁人为〔1〕长府〔2〕，闵子骞曰："仍旧贯〔3〕，如之何〔4〕？何必改作〔5〕？"

子曰："夫人不言，言必有中。"

二、翻译

鲁国人要改建国库，闵子骞说："依照老办法办事，怎么样？何必改建呢？"

孔子说："这个人不说话，一说就说到点子上了。"

三、注释

〔1〕为：改建。

〔2〕长府：国库。

〔3〕仍旧贯：依照老办法办事。

〔4〕如之何：怎么样。

〔5〕改作：改建。

第十五章

一、原文

子曰："由〔1〕之瑟奚〔2〕为于丘之门？"

门人不敬子路，子曰："由也升堂矣，未入于室也。"

二、翻译

孔子说：“仲由为什么在我孔丘的门口弹瑟呢？”

孔子的弟子开始不尊敬子路（仲由）了，孔子说：“仲由升堂了，但是还没有入室。”（意思是仲由的瑟技已经有了初级水平，但是还不精湛。）

三、注释

〔1〕由：仲由，子路，孔子的学生。

〔2〕奚：为什么。

第十六章

一、原文

子贡问：“师⁽¹⁾与商⁽²⁾也孰贤？”

子曰：“师也过，商也不及。”

曰：“然则⁽³⁾师愈与？”

子曰：“过犹不及。”

二、翻译

子贡问：“师和商，哪个更贤能？”

孔子说：“师做过了头，商没做到。”

子贡说：“那么是师更贤能了？”

孔子说：“做过了和没做到是一样的。”

三、注释

〔1〕师：子张，孔子的学生。

〔2〕商：子夏，孔子的学生。

〔3〕然则：那么。

第十七章

一、原文

季氏⁽¹⁾富于周公，而求⁽²⁾也为之聚敛而附益之。子曰：
"非吾徒也。小子⁽³⁾鸣鼓而攻之可也。"

二、翻译

季氏都已经比周公还富有了，可是冉求还不断地为
季氏聚敛而增加财富。孔子说："冉求已经不是我的徒
弟了。你们这些弟子可以大张旗鼓地攻击他。"

三、注释

〔1〕季氏：鲁国正卿。

〔2〕求：冉求，孔子的学生。

〔3〕小子：弟子。

第十八章

一、原文

柴⁽¹⁾也⁽²⁾愚⁽³⁾，参⁽⁴⁾也鲁⁽⁵⁾，师⁽⁶⁾也辟⁽⁷⁾（pì），
由⁽⁸⁾也喭⁽⁹⁾（yàn）。

二、翻译

高柴啊敦厚，曾参啊迟钝，颛（zhuān）孙师啊偏激，
仲由啊鲁莽。

三、注释

〔1〕柴：高柴，字子羔，齐国人，孔子的学生，七十二贤之一。

〔2〕也：语气词，突出主语，引起下文，啊。

〔3〕愚：敦厚。

〔4〕参：曾参，字子舆，鲁国人，孔子的学生，被尊为宗圣。

〔5〕鲁：迟钝。

〔6〕师：颛孙师，字子张，陈国人，孔子的学生，具有亚圣之德，子张之儒的创始人。

〔7〕辟：僻，偏激。

〔8〕由：仲由，字子路，又季路，鲁国人，孔子的学生，孔门十哲之一。

〔9〕喭：鲁莽。

第十九章

一、原文

子曰："回也其庶乎⁽¹⁾屡空⁽²⁾；赐不受命，而货殖⁽³⁾焉，亿⁽⁴⁾则屡中⁽⁵⁾。"

二、翻译

孔子说："颜回几乎一贫如洗；赐不接受命运的安排，而去做生意，对市场行情总是把握得很准。"

三、注释

〔1〕庶乎：几乎，差不多。

〔2〕屡空：经常处于贫困中。

〔3〕货殖：经商营利。

〔4〕亿：通"臆"，预测，预料。

〔5〕屡中：每次都猜中。

第二十章

一、原文

子张问善人⁽¹⁾之道，子曰："不践迹⁽²⁾，亦不入于室⁽³⁾。"

二、翻译

子张请教成为有本事的人的方法，孔子说："不沿着前人的足迹前进，就不会取得优异的成绩。"

三、注释

〔1〕善人：有本事的人，有能力的人。

〔2〕践迹：踩着前人的足迹前进。

〔3〕入于室：比喻达到很高的程度。

第二十一章

一、原文

子曰："论笃是与⁽¹⁾，君子者⁽²⁾乎⁽³⁾？色庄⁽⁴⁾者乎？"

二、翻译

孔子说："对言论笃实的人就表示赞同，这是不够的，还要分辨一下他到底是真君子呢？还是只是表情装作严肃庄重？"

三、注释

〔1〕论笃是与：倒装句，应为"与是论笃"。论笃：言论笃实的人；是：复指代词，把宾语"论笃"前置，表示强调；与：赞同。

〔2〕……者：表示属于同类性质的人或事物。

〔3〕乎：语气词，表示疑问，吗。

〔4〕色庄：表情严肃庄重。

第二十二章

一、原文

子路问：“闻斯⁽¹⁾行诸⁽²⁾？”

子曰：“有父兄在，如之何其⁽³⁾闻斯行之？”

冉有问：“闻斯行诸？”

子曰：“闻斯行之。”

公西华⁽⁴⁾曰：“由也问：‘闻斯行诸？’子曰：‘有父兄在。’求也问：‘闻斯行诸？’子曰：‘闻斯行之。’赤也惑，敢问。”

子曰：“求也退，故进之；由也兼人⁽⁵⁾，故退之。”

二、翻译

子路问：“听说了就立马行动吗？”

孔子说：“有父兄在，怎么能听说了就立马行动？”

冉有问：“听说了就立马行动吗？”

孔子说：“听说了就立马行动。”

公西华说：“仲由问：‘听说了就立马行动吗？’您说：‘有父兄在。’冉求也问：‘听说了就立马行动吗？’您说：‘听说了就立马行动。’我公西赤不能理解，请赐教。”

孔子说：“冉求这个人喜欢谦让，所以我鼓励他前进；仲由喜欢超过别人，所以我让他谦让一些。”

三、注释

〔1〕斯：就。

〔2〕诸：之乎。

〔3〕其：助词，表示反诘。

〔4〕公西华：赤，孔子的学生。

〔5〕兼人：超过别人。

第二十三章

一、原文

子畏⁽¹⁾于匡⁽²⁾，颜渊后，子曰："吾以女⁽³⁾（rǔ）为死矣。"

曰："子在，回何敢死？"

二、翻译

孔子在匡地被围困，颜渊从后面赶来，孔子说："我以为你死了呢。"

颜渊说："您还健在，我怎么敢死？"

三、注释

〔1〕畏：围，围困。

〔2〕匡：地名。

〔3〕女：汝，你。

第二十四章

一、原文

季子然⁽¹⁾问："仲由、冉求可谓大臣与？"

子曰："吾以子为异之问，曾⁽²⁾（zēng）由与求之问。所谓大臣者，以道事君，不可则止。今由与求也，可谓具臣⁽³⁾矣。"

曰："然则从之者与？"

子曰："弑父与君，亦不从也。"

二、翻译

季子然问："仲由和冉求可以说是大臣了吧？"

孔子说："我以为你问谁呢。原来是问仲由和冉求啊。所谓大臣应该用道来侍奉君主，如果行不通的话就辞职。现在仲由和冉求只能算是充数的臣子罢了。"

季子然说："他们遵从命令吗？"

孔子说："让他们杀父杀君，他们是不会干的。"

三、注释

〔1〕季子然：鲁国人。

〔2〕曾：竟然，原来。

〔3〕具臣：充数的臣子。

第二十五章

一、原文

子路使子羔⁽¹⁾为费⁽²⁾（bì）宰，子曰："贼⁽³⁾夫⁽⁴⁾人之子。"

子路曰："有民人焉，有社稷焉，何必读书然后⁽⁵⁾为学？"

子曰："是故恶（wù）夫佞⁽⁶⁾（nìng）者。"

二、翻译

子路推荐子羔去担任费地的长官，孔子说："你这是害这个孩子啊。"

子路说："那里有人民，那里有社稷，何必读书才算是学习呢？"

孔子说："我讨厌利口狡辩的人。"

三、注释

〔1〕子羔：孔子的学生。

〔2〕费：地名，费邑。

〔3〕贼：害。

〔4〕夫：代词，这。

〔5〕然后：才。

〔6〕佞：利口狡辩。

第二十六章

一、原文

子路、曾皙（xī）、冉（rǎn）有、公西华 (1) 侍坐 (2)。子曰："以吾一日长（zhǎng）乎尔，毋吾以也 (3)。居 (4) 则曰：'不吾知也 (5)！'如或 (6) 知尔，则 (7) 何以哉 (8)？"

子路率尔 (9) 而对曰："千乘（shèng）之国，摄乎 (10) 大国之间，加之以师旅，因之 (11) 以饥馑。由也为之，比及 (12) 三年，可使有勇，且知方 (13) 也。"夫子哂 (14)（shěn）之。

"求，尔何如？"

对曰："方 (15) 六七十，如 (16) 五六十，求也为之，比及三年，可使足民。如其^{〔17〕}礼乐，以俟^{〔18〕}（sì）君子。"

"赤，尔何如？"

对曰："非曰^{〔19〕}能之，愿学焉^{〔20〕}。宗庙之事，如会同^{〔21〕}，端^{〔22〕}章甫^{〔23〕}，愿为小相^{〔24〕}焉。"

"点，尔何如？"

鼓^{〔25〕}瑟希^{〔26〕}，铿（kēng）尔，舍瑟而作^{〔27〕}，对曰："异乎三子者之撰^{〔28〕}（zhuàn）。"

子曰："何伤乎？亦各言其志也。"

曰："莫春者，春服既成，冠者五六人，童子六七人，浴乎沂，风乎舞雩（yú），咏而归^{〔29〕}。"

夫子喟（kuì）然^{〔30〕}叹曰："吾与^{〔31〕}点也！"

三子者出，曾皙后，曾皙曰："夫三子者之言何如？"

子曰："亦各言其志也已矣。"

曰："夫子何哂由也？"

曰："为^{〔32〕}国以礼，其言不让，是故哂之。唯^{〔33〕}，求则非邦也与^{〔34〕}？安见^{〔35〕}方六七十，如五六十而非邦也者？唯，赤则非邦也与？宗庙会同，非诸侯而何？赤也为之小，孰能为之大？"

二、翻译

子路、曾皙、冉有、公西华陪孔子就座。孔子说："不要因为我比你们稍长一点，你们就不说话了。平时你们都说：'不了解我啊！'如果有人了解你们，你们将做些什么呢？"

子路抢先回答说："拥有千辆兵车的国家，夹在大国之间，而且还有大批的外国军队在虎视眈眈，接着又闹了大灾荒。如果让我来治理这个国家，不出三年，就可以使他们勇敢起来，并且懂得道理。"孔子听了对子路微微一笑。

"冉求，你呢？"

冉求回答说："方圆六七十里，或者五六十里，如果让我来治理，不出三年，就可以使这里的百姓富足。至于礼乐，那就要等待君子来教化了。"

"公西华，你呢？"

公西华回答说："我没有这些能力，只是愿意多学些知识。在宗庙事务中，或者在朝会上，我穿上礼服戴上礼帽，做一名小司仪也就可以了。"

"曾皙，你呢？"

曾皙演奏瑟的动作慢下来，铿的一声，把瑟放在一边站起来，回答说："我与这三位师兄弟说的不同。"

孔子说："有什么妨碍？只是谈谈志向罢了。"

曾皙说："暮春时节，春服已经上身，五六个成人，六七个小孩儿，沿着沂水散散步，到舞台上观观景，一路唱着歌回家。"

孔子感慨地长叹说："我赞同曾点的想法啊！"

其他三人离开，曾皙落在后面，说："这三个人说的怎样？"

孔子说："只是各说各的志向罢了。"

曾皙说："老师为什么笑仲由呢？"

孔子说："要以礼治国，仲由说话不谦让，所以我笑他。难道冉求说的不是国家吗？怎见得六七十里见方，或五六十里就不是国家呢？难道公西赤说的不是国家吗？如果公西赤做的不是司仪，谁还能做大司仪呢？"

三、注释

〔1〕子路、曾皙、冉有、公西华：孔子的四个学生。

〔2〕侍坐：陪坐。

〔3〕以吾一日长乎尔，毋吾以也：根据上下文推测，此句为省略句，应为"以吾一日长乎尔，而不言，毋吾以也"。因为我比你们稍长一点，你们就不说话了。不要因为我。意译为：不要因为我比你们稍长一点，你们就不说话了。以：因为；一日：表示时间短；乎：表示比较，比；毋吾以也：宾语前置，正常语序为"毋以吾也"，不要因为我。

〔4〕居：平时。

〔5〕不吾知也：宾语前置，正常语序为"不知吾也"，不了解我。

〔6〕或：有人。

〔7〕则：将。

〔8〕何以哉：宾语前置，正常语序为"以何哉"，做些什么呢。以：做。

〔9〕率尔：急促，抢先。

〔10〕摄乎：夹在。摄：夹；乎：于，在。

〔11〕因之：接着，继续。

〔12〕比及：等到。

〔13〕方：道理。

〔14〕哂：哂笑，笑。

〔15〕方……：……见方。

〔16〕如：或者。

〔17〕如其：至于。

〔18〕俟：等待。

〔19〕曰：助词。

〔20〕焉：语气词，罢了。

〔21〕会同：朝会。

〔22〕端：礼服，穿礼服。

〔23〕章甫：礼帽，戴礼帽。

〔24〕相：司仪。

〔25〕鼓：演奏。

〔26〕希：稀。

〔27〕作：起身。

〔28〕撰：述，说。

〔29〕莫春者，春服既成，冠者五六人，童子六七人，浴乎沂，风乎舞雩，咏而归：春服已经上身，五六个成人，六七个小孩，沿着沂水散散步，到舞台上观观景，一路唱着歌回家。莫：暮；春服既成：指已经穿上春天的衣服；冠者：成年男子；浴：当作"沿"；沂：沂水河；风：当作"至"；舞雩：求雨的高台。

〔30〕喟然：感慨的样子。

〔31〕与：赞同。

〔32〕为：治理。

〔33〕唯：难道。

〔34〕与：表示疑问。

〔35〕安见：怎么见得。安：怎么；见：见得。

颜渊篇第十二

第一章

一、原文

颜渊⁽¹⁾问仁，子曰："克己复礼⁽²⁾为仁。一日⁽³⁾克己复礼，天下归仁焉！为仁由己，而由人乎哉？"

颜渊曰："请问其目。"

子曰："非礼勿视，非礼勿听，非礼勿言，非礼勿动。"

颜渊曰："回虽不敏，请⁽⁴⁾事⁽⁵⁾斯语矣。"

二、翻译

颜渊请教仁，孔子说："能够使自己恢复礼就是实行仁。一旦每个人都能使自己恢复礼，天下就会达到仁！实行仁全凭自己，难道在别人吗？"

颜渊说："请教仁的条目。"

孔子说："不符合礼就不要看，不符合礼就不要听，不符合礼就不要说，不符合礼就不要动。"

颜渊说："我虽然愚钝，但愿意遵守老师的教导。"

三、注释

〔1〕颜渊：孔子的学生。

〔2〕克己复礼：能够使自己恢复礼。

〔3〕一日：一旦。

〔4〕请：愿意。

〔5〕事：遵守。

第二章

一、原文

仲弓[1]问仁，子曰："出门如见大宾[2]，使民如承大祭[3]。己所不欲，勿施于人。在邦无怨，在家无怨。"

仲弓曰："雍虽不敏，请事斯语矣。"

二、翻译

仲弓请教仁，孔子说："出门要像会见贵宾一样，使用民力要像举办重大祭祀活动一样。自己不想要的东西，不要施加给别人。在诸侯国里无怨恨，在卿大夫的封邑里无怨恨。"

仲弓说："我虽然愚钝，但愿意遵守老师的教导。"

三、注释

〔1〕仲弓：雍，冉雍，孔子的学生。

〔2〕大宾：国宾。

〔3〕大祭：重大祭司活动。

第三章

一、原文

司马牛[1]问仁，子曰："仁者，其言也讱[2]（rèn）。"

曰："其言也讱，斯谓之仁已乎[3]？"

子曰："为[4]之难，言之得无讱乎[5]？"

二、翻译

司马牛请教仁，孔子说："仁者，说话谨慎。"

司马牛说："说话谨慎，就叫作仁吗？"

孔子说："做起来难，说话能不谨慎吗？"

三、注释

〔1〕司马牛：孔子的学生。

〔2〕讱：难，引申为谨慎。

〔3〕已乎：疑问词，吗。

〔4〕为：做。

〔5〕得无……乎：能不……吗？

第四章

一、原文

司马牛 [1] 问君子，子曰："君子不忧不惧。"

曰："不忧不惧，斯谓之君子已乎？"

子曰："内省（xǐng）不疚，夫何忧何惧？"

二、翻译

司马牛请教君子，孔子说："君子不忧愁不恐惧。"

司马牛说："不忧愁不恐惧，就叫作君子吗？"

孔子说："自我反省，问心无愧，有什么忧愁还有什么恐惧呢？"

三、注释

〔1〕司马牛：孔子的学生。

第五章

一、原文

司马牛忧曰："人皆有兄弟，我独亡[1]（wú）。"

子夏[2]曰："商闻之矣[3]，死生有命，富贵在天。君子敬而无失，与人恭而有礼，四海之内皆兄弟也。君子何患乎[4]无兄弟也[5]？"

二、翻译

司马牛忧愁地说："别人都有兄弟，唯独我没有。"

子夏说："我曾听说，生死是命中注定的，富贵是天意决定的。君子恭敬不失礼，待人谦逊有礼貌，四海之内都是兄弟。君子为什么担心没有兄弟呢？"

三、注释

〔1〕亡：无。

〔2〕子夏：商，卜商，孔子的学生。

〔3〕矣：表示过去式，曾。

〔4〕乎：表示稍有停顿，用于舒缓语气，引起对下文的注意。

〔5〕也：表示疑问，呢。

第六章

一、原文

子张问明，子曰："浸润之谮[1]（zèn），肤受[2]之愬[3]（sù），不行焉，可谓明也已矣[4]。浸润之谮，肤受之愬，不行焉，可谓远也已矣。"

二、翻译

子张请教明智，孔子说："像水慢慢渗润一样的谗言，像切肤之痛那样的诬告，都行不通，这就算是明智了。像水慢慢渗润一样的谗言，像切肤之痛那样的诬告，都行不通，这就算是有远见了。"

三、注释

〔1〕谮：诬陷，谗言。

〔2〕肤受：切肤的利害。

〔3〕愬：诉，诬告。

〔4〕已矣：语气词。

第七章

一、原文

子贡问政，子曰："足食，足兵，民信之矣。"

子贡曰："必不得已而去，于斯三者何先？"

曰："去兵。"

子贡曰："必不得已而去，于斯二者何先？"

曰："去食。自古皆有死，民无信不立。"

二、翻译

子贡请教政事,孔子说:"粮食足,兵力足,百姓信任。"

子贡说："如果万不得已，去掉一个，在这三个当中，先去掉哪一个？"

孔子说："军队。"

子贡说："如果再去掉一个，在这二者当中，去掉哪一个呢？"

孔子说："粮食。自古都有死，百姓不信任就不能立足。"

第八章

一、原文

棘子成[1]曰："君子质而已矣[2]，何以[3]文为？"

子贡曰："惜乎，夫子之说君子也！驷不及舌[4]。文犹质也，质犹文也。虎豹之鞟[5]（kuò）犹犬羊之鞟。"

二、翻译

棘子成说："君子做到质朴就可以了，为什么还要用文饰呢？"

子贡说："可惜啊！您这样看待君子。一言既出，驷马难追。文饰同质朴一样，质朴同文饰一样。脱了毛的虎豹皮革同脱了毛的狗羊皮革是一样的。"

三、注释

〔1〕棘子成：卫国大夫。

〔2〕而已矣：语气词连用，表示语气强烈。

〔3〕以：动词，用，使用。

〔4〕驷不及舌：一句话说出口，四匹马拉的车也追不回，即一言既出，驷马难追。驷：四匹马拉的车。

〔5〕鞟：无毛的皮，皮革。

第九章

一、原文

哀公⁽¹⁾问于有若⁽²⁾曰："年饥，用不足，如之何⁽³⁾？"

有若对曰："盍⁽⁴⁾（hé）彻⁽⁵⁾乎？"

曰："二⁽⁶⁾，吾犹不足，如之何其⁽⁷⁾彻也？"

对曰："百姓足，君孰与不足？百姓不足，君孰与足？"

二、翻译

哀公向有若询问说："闹饥荒，用度不足，怎么办？"

有若回答说："为什么不用十抽一的彻法收税？"

哀公说："十抽二，我还不足，为什么要用十抽一的彻法？"

有若回答说："如果百姓富足，有哪个君主不富足？如果百姓不富足，有哪个君主富足呢？"

三、注释

〔1〕哀公：鲁国国君。

〔2〕有若：孔子的学生。

〔3〕如之何：怎么办。

〔4〕盍：何不，为什么不。

〔5〕彻：彻法，十抽一的税法。

〔6〕二：十抽二的税法。

〔7〕其：加强语气。

第十章

一、原文

子张问崇德⁽¹⁾辨惑⁽²⁾，子曰："主⁽³⁾忠信，徙义⁽⁴⁾，崇德也。爱之欲其生，恶（wù）之欲其死，既欲其生，又欲其死，是惑也。'诚不以富，亦祇（zhī）以异⁽⁵⁾。'"

二、翻译

子张请教崇德辨惑，孔子说："持守忠信，依义而行，这就是崇德。爱他就想让他活着，恨他就想让他死去，既想让他活，又想让他死，这就是惑。'确实不是因为财富，只是因为想法不同。'"

三、注释

〔1〕崇德：崇尚道德。

〔2〕辨惑：辨别疑惑。

〔3〕主：持守。

〔4〕徙义：依义而行，见义即改变意念而从之。

〔5〕诚不以富，亦祇以异：《诗经·小雅·我行其野》中的最后一句诗，原文为："成不以富，亦祇以异。"意思是：确实不是因为财富，只是因为思想不同。成：诚，确实；祇：只，仅仅。

第十一章

一、原文

齐景公⁽¹⁾问政于孔子，孔子对曰："君君、臣臣、父父、子子。"

公曰："善哉！信如⁽²⁾君不君，臣不臣，父不父，子不子，虽⁽³⁾有粟，吾得而食诸⁽⁴⁾？"

二、翻译

齐景公向孔子请教政事，孔子回答说："君主就是君主，臣子就是臣子，父亲就是父亲，儿子就是儿子。"

齐景公说："说得好啊！假如君主不是君主，臣子不是臣子，父亲不是父亲，儿子不是儿子，即使有粮食，我能吃得到吗？"

三、注释

〔1〕齐景公：齐国国君。

〔2〕信如：假如。

〔3〕虽：即使。

〔4〕诸：之乎，表示疑问。

第十二章

一、原文

子曰："片言⁽¹⁾可以折狱⁽²⁾者，其⁽³⁾由⁽⁴⁾也与？"子路无宿诺⁽⁵⁾。

二、翻译

孔子说："几句话就可以判决诉讼案的人，大概只有子路吧？"子路没有不兑现的诺言。

三、注释

〔1〕片言：简短的文字或语言。

〔2〕折狱：判决诉讼案。折：判决。

〔3〕其：大概。

〔4〕由：子路，孔子的学生。

〔5〕宿诺：未及时兑现的诺言。宿：夙，旧有的。

第十三章

一、原文

子曰："听讼⁽¹⁾，吾犹人⁽²⁾也，必也使无讼乎⁽³⁾！"

二、翻译

孔子说："审理案件，我同别人一样，目的必定是让人们没有诉讼案件啊！"

三、注释

〔1〕听讼：审理案件。

〔2〕犹人：同别人一样。

〔3〕必也……乎：必定……啊。

第十四章

一、原文

子张问政，子曰："居之无倦，行之以忠。"

二、翻译

子张请教政事，孔子说："不要倦怠，行为要忠诚。"

第十五章

一、原文

子曰:"君子博学于文,约之以礼,亦可以弗畔[1](pàn)矣夫[2]。"

二、翻译

孔子说:"君子博学文化知识,用礼法约束自己,就可以不离经叛道了。"

三、注释

〔1〕畔:叛,离经叛道。

〔2〕矣夫:语气词,表示肯定。

第十六章

一、原文

子曰:"君子成[1]人之美[2],不成人之恶[3]。小人反是[4]。"

二、翻译

孔子说:"君子成全别人的美事,不帮助别人做坏事。小人与此相反。"

三、注释

〔1〕成:成全,帮助。

〔2〕美:美事,好事。

〔3〕恶:恶事,坏事。

〔4〕是:此,这个。

第十七章

一、原文

季康子⁽¹⁾问政于孔子，孔子对曰："政者，正也。子帅以正，孰敢不正？"

二、翻译

季康子向孔子请教政事，孔子回答说："政就是正。如果您带领大家走正道，谁敢不走正道？"

三、注释

〔1〕季康子：鲁国大夫。

第十八章

一、原文

季康子患⁽¹⁾盗，问于孔子，孔子对曰："苟⁽²⁾子之⁽³⁾不欲，虽赏之不窃。"

二、翻译

季康子担心有盗贼，向孔子请教，孔子回答："如果您不想要的东西，即使有奖赏也不会有盗窃。"

三、注释

〔1〕患：担忧。

〔2〕苟：如果。

〔3〕之：结构助词。

第十九章

一、原文

季康子问政于孔子，曰："如杀无道，以就⁽¹⁾有道，何如？"

孔子对曰："子为政，焉⁽²⁾用杀？子欲善而民善矣。君子之德风，小人之德草。草上之风，必偃⁽³⁾（yǎn）。"

二、翻译

季康子向孔子请教政事，说："如果用杀掉无道的人，来成全有道的人，怎么样？"

孔子回答说："您从政，哪里用得着杀呢？您要是行善，百姓就会跟着行善。君子之德就像风，小人之德就像草。风吹在草上，草一定会随风倒的。"

三、注释

〔1〕就：成全，归于。

〔2〕焉：疑问词，哪里。

〔3〕偃：迎面倒下。

第二十章

一、原文

子张问："士何如斯⁽¹⁾可谓之达⁽²⁾矣？"

子曰："何哉，尔所谓达者？"

子张对曰："在邦必闻⁽³⁾，在家⁽⁴⁾必闻。"

子曰："是闻也，非达也。夫达也者，质直而好义，察言而观色，虑以下人⁽⁵⁾。在邦必达，在家必达。夫闻也者，色⁽⁶⁾取仁而行违，居之不疑。在邦必闻，在家必闻。"

二、翻译

子张请教："读书人怎么才算是通达呢？"

孔子说："你认为的通达是什么呢？"

子张回答说："在邦国里有名望，在采邑里有名望。"

孔子说："这是名望，不是通达。通达是指品质正直且遵义而行，善于察言观色，以谦卑的态度考虑问题。在邦国里必定通达，在采邑里必定通达。名望是指表面上仁，而行为却与之背道而驰，自己以为这就是仁而不加怀疑。在邦国里必定有名望，在采邑中必定有名望。"

三、注释

〔1〕斯：就，才。

〔2〕达：通达。

〔3〕闻：出名，名望。

〔4〕家：采邑。

〔5〕下人：对人谦让。

〔6〕色：表面上。

第二十一章

一、原文

樊迟⁽¹⁾从游于舞雩⁽²⁾（yú）之下，曰："敢问崇德、修慝⁽³⁾（tè）、辨惑⁽⁴⁾？"

子曰："善哉问！先事后得，非崇德与？攻其⁽⁵⁾恶（è），无攻人之恶，非修慝与？一朝⁽⁶⁾之忿，忘其身，以及其亲，非惑与？"

二、翻译

樊迟在求雨的高台下跟随孔子出游，说："请教如何崇尚道德、消除邪念、解除疑惑？"

孔子说："问得好啊！先把事做好，而后才有收获，这不就是崇尚道德吗？检讨自己的错误，不指责别人的缺点，这不就是消除邪念吗？一时气愤，就忘了自身的安全和亲人的安全，这不就是迷惑吗？"

三、注释

〔1〕樊迟：孔子的学生。

〔2〕舞雩：求雨的高台。

〔3〕修慝：消除邪念。修：消除；慝：邪念。

〔4〕辨惑：解除迷惑。辨：明辨，解除。

〔5〕其：代词，指代自己。

〔6〕一朝：一时。

第二十二章

一、原文

樊迟问仁，子曰："爱人。"

问知⁽¹⁾，子曰："知人。"

樊迟未达，子曰："举直错诸枉，能使枉者直⁽²⁾。"

樊迟退，见子夏曰："乡也⁽³⁾吾见于夫子而问知，子曰：'举直错诸枉，能使枉者直。'何谓也？"

子夏曰："富哉言乎！舜有天下，选于众，举皋（gāo）陶⁽⁴⁾（yáo），不仁者远矣。汤⁽⁵⁾有天下，选于众，举

伊尹〔6〕，不仁者远矣。"

二、翻译

樊迟请教仁，孔子说："爱人。"

樊迟又请教智慧，孔子说："知人。"

樊迟没有理解孔子的意思，孔子接着说："把直的东西放在弯曲的东西上，弯曲的东西就会变直。"

樊迟离开孔子后，碰见了子夏，说："刚才我向老师请教智慧，孔子说：'把直的东西放在弯曲的东西上，弯曲的东西就会变直。'这是什么意思呢？"

子夏说："老师的话内容丰富，含义深刻啊！舜帝拥有天下，从众人中选举出贤人皋陶，不仁的人就远离了。商汤拥有天下，从众人中选出贤人伊尹，不仁的人就远离了。"

三、注释

〔1〕知：通"智"，智慧。

〔2〕举直错诸枉，能使枉者直：把直的东西放在弯曲的东西上面，弯曲的东西就会自然变直，借指把贤明的人选拔出来，不贤明的人自然就远离了。举：推举，选拔任用；错：措，安放，放置；枉：弯曲的东西。

〔3〕乡也：刚才。也：语气词，表示停顿。

〔4〕皋陶：舜帝的贤臣。

〔5〕汤：商汤，商朝的开国之君。

〔6〕伊尹：商汤的贤臣。

第二十三章

一、原文

子贡问友，子曰："忠告而善道⁽¹⁾之，不可则止，毋自辱也。"

二、翻译

子贡请教交友，孔子说："真诚劝告并善为引导，不可就停止，不要自取其辱。"

三、注释

〔1〕道：导，引导。

第二十四章

一、原文

曾子曰："君子以⁽¹⁾文会友，以友辅⁽²⁾仁。"

二、翻译

曾子说："君子用文章结交朋友，用朋友培养仁德。"

三、注释

〔1〕以：用。

〔2〕辅：帮助，培养。

子路篇第十三

第一章

一、原文

子路问政，子曰："先之^{〔1〕}劳之。"

请益^{〔2〕}，曰："无倦。"

二、翻译

子路请教政事，孔子说："率先垂范，努力劳动。"

子路请多赐教一些，孔子说："不要松懈。"

三、注释

〔1〕之：虚词，调整音节。

〔2〕请益：请多赐教一些。

第二章

一、原文

仲弓为季氏宰，问政，子曰："先有司^{〔1〕}，赦小过，举贤才。"

曰："焉^{〔2〕}知贤才而举之？"

曰："举尔所知。尔所不知，人其^{〔3〕}舍诸？"

二、翻译

仲弓担任季氏家的总管，请教政事，孔子说："先设置官吏，让他们各司其责，赦免小过错，推举贤才。"

仲弓说："怎么才能发现贤才并推举出来呢？"

孔子说："推举你认识的人。你不认识的人，难道别人会舍弃他吗？"

三、注释

〔1〕有司：官吏。司：主管。

〔2〕焉：怎么。

〔3〕其：难道。

第三章

一、原文

子路[1]曰："卫君[2]待[3]子[4]而[5]为政[6]，子将奚[7]先？"

子曰："必也[8]正名乎[9]！"

子路曰："有是[10]哉[11]？子之[12]迂[13]（yū）也[14]！奚其[15]正？"

子曰："野哉，由也[16]！君子于其所不知，盖[17]阙[18]如也[19]。名不正，则言[20]不顺[21]，言不顺，则事不成；事不成，则礼乐不兴[22]，礼乐不兴，则刑罚不中[23]，刑罚不中，则民无所措手足[24]。故君子名之[25]必可言也，言之[26]必可行也。君子于其言，无所苟[27]而已矣[28]！"

二、翻译

子路说："如果卫国国君要您去管理朝政，您先从什么地方入手呢？"

孔子说："必须先正名！"

子路说："有这样的事吗？您迂腐了吧！为什么要正名？"

孔子说："仲由，你真是个粗野的人！君子对于他不懂的事，应该存疑不说。名不正则言不顺，言不顺则事不成，事不成则礼乐不兴，礼乐不兴则刑罚不中，刑罚不中则民无所措手足。因此君子的名分必须恰如其分，名分恰如其分才能行得通。君子对名分，是不能随便马虎的啊！"

三、注释

〔1〕子路：由，仲由，孔子的学生，孔门十哲之一，擅长政事。

〔2〕卫君：卫国国君。

〔3〕待：等待，要。

〔4〕子：对人的尊称，您，老师。

〔5〕而：表示目的，去。

〔6〕为政：从政。

〔7〕奚：什么。

〔8〕必也：必定，一定。也：语气词，表示判断。

〔9〕乎：语气词，表示肯定，呀。

〔10〕是：这。

〔11〕哉：疑问词，吗。

〔12〕之：结构助词，无实意。

〔13〕迂：迂腐。

〔14〕也：语气词，表示肯定，啊。

〔15〕奚其：为何，为什么。

〔16〕野哉，由也：倒装名，正常语序为"由也，野哉"，仲由，真粗鲁啊。野：粗鲁；也：语气词，表示停顿；哉：语气词，表示感叹，啊。

〔17〕盖：发语词，无实意。

〔18〕阙：缺，存疑。

〔19〕如也：……的样子，不译。

〔20〕言：政令。

〔21〕顺：遵循，服从，引申为执行。

〔22〕兴：兴盛。

〔23〕中：适当。

〔24〕无所措手足：手脚没地方放，表示不知如何是好。措：放置。

〔25〕之：结构助词，无实意。

〔26〕之：结构助词，无实意。

〔27〕苟：随便，马虎。

〔28〕而已矣：语气词连用，表示加强语气。

第四章

一、原文

樊迟〔1〕请学稼〔2〕（jià），子曰："吾不如老农。"请学为圃〔3〕（pǔ），曰："吾不如老圃。"

樊迟出，子曰："小人哉，樊须也！上好礼，则民莫敢不敬；上好义，则民莫敢不服；上好信，则民莫敢不用情〔4〕。夫如是〔5〕，则四方之民襁（qiǎng）负〔6〕其子而至矣，焉〔7〕用稼？"

二、翻译

樊迟想学种庄稼，孔子说："我不如老农民。"

樊迟又说想学种菜，孔子说："我不如老菜农。"

樊迟离开，老师说："樊迟真是个小人啊！在上位的如果好礼，百姓就没有敢不尊敬的；在上位的如果好义，百姓就没有敢不服从的；在上位的如果讲信用，百姓就没有敢不用真情的。如此，四方的百姓就会用襁褓背着孩子来投奔，为什么要亲自去种地呢？"

三、注释

〔1〕樊迟：樊须，孔子的学生。

〔2〕稼：种庄稼。

〔3〕圃：种植瓜果蔬菜。

〔4〕用情：用真情相待。

〔5〕夫如是：如此，如果这样。夫，发语词；是，这样。

〔6〕襁负：用襁褓背负。襁，襁褓；负，背负。

〔7〕焉：疑问词，为什么。

第五章

一、原文

子曰："诵⁽¹⁾《诗》三百，授之以政，不达⁽²⁾；使于四方，不能专对⁽³⁾。虽多，亦奚以为⁽⁴⁾？"

二、翻译

孔子说："背诵《诗经》三百首，交给他政事，办不好；出使国外，不能独立应对。即使读书再多，有什么用呢？"

三、注释

〔1〕诵：背诵。

〔2〕不达：办不好。

〔3〕专对：单独应对。

〔4〕以为：作为，用处。

第六章

一、原文

子曰："其身正，不令而⁽¹⁾行；其身不正，虽⁽²⁾令不从。"

二、翻译

孔子说："自身正，即使不用命令，也能行得通；自身不正，即使使用命令也不一定行得通。"

三、注释

〔1〕而：连词，表示让步，即使。

〔2〕虽：即使。

第七章

一、原文

子曰："鲁⁽¹⁾卫⁽²⁾之政，兄弟⁽³⁾也。"

二、翻译

孔子说："鲁国和卫国的政治，是同宗同族，非常相似的。"

三、注释

〔1〕鲁：鲁国。

〔2〕卫：卫国。

〔3〕兄弟：同宗同族，非常相似。

第八章

一、原文

子谓卫公子荆⁽¹⁾："善居室⁽²⁾。始有，曰：'苟⁽³⁾合矣。'少有，曰：'苟完矣。'富有，曰：'苟美矣。'"

二、翻译

孔子评价卫国公子荆："善于理财过日子。刚有点家产，就说：'差不多可以了。'少有点，就说：'差不多完备了。'富有了，就说：'差不多完美了。'"

三、注释

〔1〕卫公子荆：卫国公子荆。

〔2〕居室：居家过日子，这里指理财过日子。

〔3〕苟：差不多，暂且。

第九章

一、原文

子适⁽¹⁾卫，冉有⁽²⁾仆⁽³⁾，子曰："庶⁽⁴⁾矣哉⁽⁵⁾！"
冉有曰："既庶矣，又何加焉⁽⁶⁾？"
曰："富之。"
曰："既富矣，又何加焉？"
曰："教之。"

二、翻译

孔子到卫国，冉有驾着车。孔子说："人真多啊！"
冉有说："人口多了，还需要什么呢？"

孔子说："使他们富裕。"

冉有说："富裕了以后，还需要什么呢？"

孔子说："教化他们。"

三、注释

〔1〕适：到。

〔2〕冉有：孔子的学生。

〔3〕仆：驾车。

〔4〕庶：众多。

〔5〕矣哉：表示感叹，啊。

〔6〕焉：疑问代词。

第十章

一、原文

子曰："苟⁽¹⁾有用我者，期（jī）月⁽²⁾而已⁽³⁾可也，三年有成。"

二、翻译

孔子说："如果有人用我，一年就可以了，三年会见到成效。"

三、注释

〔1〕苟：如果。

〔2〕期月：一年。

〔3〕而已：就可以了。

第十一章

一、原文

子曰：“善人为⁽¹⁾邦百年，亦可以胜残⁽²⁾去杀⁽³⁾矣⁽⁴⁾。诚哉是言也⁽⁵⁾！”

二、翻译

孔子说：“善人治理国家百年，可以遏制残暴，可以去除死刑。这话说得真对啊！”

三、注释

〔1〕为：治理。

〔2〕胜残：遏制残暴。

〔3〕去杀：不用死刑，戒绝杀戮。

〔4〕矣：表示肯定。

〔5〕诚哉是言也：倒装句，正常语序为“是言也诚哉”。是：这；也：助词，表示停顿；诚：可信的，真实的；哉：助词，表示感叹。

第十二章

一、原文

子曰：“如有王者，必世⁽¹⁾而后⁽²⁾仁。”

二、翻译

孔子说：“如果有王者兴起，也要经过三十年，然后才能实现仁德。”

三、注释

〔1〕世：三十年。

〔2〕而后：然后才。

第十三章

一、原文

子曰："苟正其身矣，于从政乎⁽¹⁾，何有⁽²⁾？不能正其身，如正人何？"

二、翻译

孔子说："如果能端正自身，对于从政来说，有什么呢？不能端正自身，如何端正别人呢？"

三、注释

〔1〕乎：语气词，表示停顿，提醒注意。

〔2〕何有：正常语序为"有何"，有什么。

第十四章

一、原文

冉子⁽¹⁾退朝，子曰："何晏⁽²⁾也？"

对曰："有政。"

子曰："其事也⁽³⁾？如有政，虽不吾以⁽⁴⁾，吾其与闻之⁽⁵⁾？"

二、翻译

冉子退朝，孔子说："怎么这么晚才回来？"

冉子回答说："有国政。"

孔子说："是季氏家的私事吧？如果有国政，虽然我不在朝廷任职，难道我会不知道吗？"

三、注释

〔1〕冉子：冉有，孔子的学生，季氏家的家臣。

〔2〕晏：迟，晚。

〔3〕其事也：这是（季氏家的）私事吧。其：这；事：季氏家的私事；也：疑问词，吧。

〔4〕虽不吾以：倒装句，正常语序为"虽吾不以"，指不在朝廷任职。以：用。

〔5〕吾其与闻之：倒装句，正常语序为"其吾闻之与"。其：这；与：表示轻微的疑问，吗。

第十五章

一、原文

定公[1]问："一言而可以兴邦，有诸[2]？"

孔子对曰："言不可以若是[3]，其几也[4]。人之言曰：'为君难，为臣不易。'如知为君之难也，不几乎一言而兴邦乎？"

曰："一言而丧邦，有诸？"

孔子对曰："言不可以若是，其几也。人之言曰：'予无乐（lè）乎[5]！为君，唯其[6]言而莫予违[7]也。'如其[8]善而莫之违也，不亦善乎？如不善而莫之违也，不几乎一言而丧邦乎？"

二、翻译

鲁定公问："一句话就可以让国家兴旺发达，有这回事吗？"

孔子回答说："话不可能这样说，但意思差不多。有人说：'做君主难，做臣子不容易。'如果明白了做君主的难处，这不就是几乎明白了一句话就可以让国家兴旺发达的道理吗？"

鲁定公又说："一句话就可以让国家衰败，有这回事吗？"

孔子回答说："话不可能这样说，但意思差不多。有人说：'我没有快乐！作为君主，唯一的就是我的话没有人违抗。'如果他的话是善言而没有人违抗，这不是很好吗？如果不是善言而没有人违抗，不就是几乎一句话就可以让国家衰败吗？"

三、注释

〔1〕定公：鲁定公，鲁国第二十五位君主。

〔2〕有诸：有这样的话吗？诸：之乎。

〔3〕若是：如此，这样。

〔4〕其几也：大概差不多。其：语气词，补充音节；几：差不多；也：语气词，表示判断和肯定。

〔5〕予无乐乎：我没有快乐！予：我；乎：表示呼号。

〔6〕其：代词，我的。

〔7〕莫予违：倒装句，正常语序为"莫违予"，没有人违背我。莫：没有人。

〔8〕其：代词，他的话。

第十六章

一、原文

叶公⁽¹⁾问政，子曰："近者说⁽²⁾（yuè），远者来。"

二、翻译

叶公请教政事，孔子说："近处的人心情舒畅，远方的人来投奔。"

三、注释

〔1〕叶公：楚国官员。叶：也读shè。

〔2〕说：悦，愉快。

第十七章

一、原文

子夏为莒（jǔ）父⁽¹⁾宰⁽²⁾，问政，子曰："无欲⁽³⁾速⁽⁴⁾，无见⁽⁵⁾小利。欲速则不达，见小利则大事不成。"

二、翻译

子夏担任莒父这个地方的主管，请教政事。孔子说："不要急于求成，不要贪图小利。急于求成反而达不到目的，贪图小利则办不成大事。"

三、注释

〔1〕莒父：地名。

〔2〕宰：主管。

〔3〕欲：要。

〔4〕速：速度快。

〔5〕见：贪图。

第十八章

一、原文

叶公⁽¹⁾语孔子曰⁽²⁾："吾党⁽³⁾有直躬者⁽⁴⁾，其父攘⁽⁵⁾（rǎng）羊，而子证⁽⁶⁾之。"

孔子曰："吾党之直者异于是⁽⁷⁾。父为子隐⁽⁸⁾，子为父隐，直在其中矣。"

二、翻译

叶公告诉孔子说："我家乡有个正直诚实的人，父亲偷了羊，儿子告发他。"

孔子说："我家乡的正直诚实的人不是这样。父亲为儿子检查纠正错误，儿子为父亲检查纠正错误，正直诚实就在这里面了。"

三、注释

〔1〕叶公：楚国官员。叶：也读shè。

〔2〕语……曰：告诉……说。

〔3〕党：古代的地方组织，五百户为一党。

〔4〕直躬者：直者，正直的人。

〔5〕攘：偷窃。

〔6〕证：告发，举报。

〔7〕异于是：不同于这个。是：这个。

〔8〕隐：檃，矫正竹木弯曲或使成形的器具，引申为正，检查纠正（错误）。

第十九章

一、原文

樊迟问仁，子曰："居处⁽¹⁾恭，执事⁽²⁾敬，与人忠。虽之⁽³⁾夷狄，不可弃也。"

二、翻译

樊迟请教仁，孔子说："平常要恭敬有礼，工作要谨慎小心，为人要忠诚老实。即使到了少数民族居住的地方，也不要放弃这些原则。"

三、注释

〔1〕居处：平常。

〔2〕执事：工作。

〔3〕之：到。

第二十章

一、原文

子贡⁽¹⁾问曰："何如⁽²⁾斯⁽³⁾可谓之士⁽⁴⁾矣⁽⁵⁾？"

子曰："行己有耻⁽⁶⁾，使于四方，不辱君命，可谓士矣⁽⁷⁾。"

曰："敢问其次？"

曰："宗族称孝焉⁽⁸⁾，乡党称弟⁽⁹⁾（tì）焉。"

曰："敢问其次？"

曰："言必信，行必果，硁（kēng）硁然⁽¹⁰⁾小人哉！抑亦⁽¹¹⁾可以为次矣。"

曰："今之从政者何如？"

子曰："噫！斗筲（shāo）之人[12]，何足算也[13]？"

二、翻译

子贡请教说："怎样才可以称作士呢？"

孔子说："对自己的行为有羞耻之心，出使国外，不辜负国君的命令，就可以称作士了。"

子贡又问："敢问次一等的呢？"

孔子说："家族里的人称赞孝顺父母，乡亲们称赞敬爱兄长。"

子贡又问："敢问再次一等的呢？"

孔子说："说话一定要遵守信用，做事一定要有结果，这是浅薄固执的小人啊！这或许可以算是次一等的了。"

子贡又问："现在从政的人怎么样？"

孔子说："噫，这些人的器量像斗筲那样小，怎么能把他们算在内呢？"

三、注释

〔1〕子贡：孔子的学生。

〔2〕何如：怎么样。

〔3〕斯：才。

〔4〕士：读书人。

〔5〕矣：表示疑问，呢。

〔6〕行己有耻：对自己的行为有羞耻之心。

〔7〕矣：语气助词，了。

〔8〕焉：语气助词，表示陈述。

〔9〕弟：悌，敬爱兄长。

〔10〕硁硁然：浅薄固执的样子。

〔11〕抑亦：或许。

〔12〕斗筲之人：像斗筲那样容量的人，形容人的气量狭小。斗：容量单位，一斗为十升；筲：盛饭的竹器，一筲为二升。

〔13〕也：表示疑问，呢。

第二十一章

一、原文

子曰："不得中行〔1〕而与之，必也〔2〕狂〔3〕狷〔4〕乎！狂者进取，狷者有所不为也。"

二、翻译

孔子说："不能与不偏不倚的人在一起，就必须与狂者或狷者在一起啦。所谓狂者，就是志向高远，积极进取的人；所谓狷者，就是拘谨自守，有所不为的人。"

三、注释

〔1〕中行：中庸之道的行为，不偏不倚。

〔2〕必也……乎：必须……啦。

〔3〕狂：志向高远，积极进取的人。

〔4〕狷：拘谨自守，有所不为的人。

第二十二章

一、原文

子曰："南人〔1〕有言曰：'人而〔2〕无恒，不可以作巫医〔3〕。'善夫〔4〕！'不恒其德，或承之羞〔5〕。'"

子曰："不占〔6〕而已矣〔7〕！"

二、翻译

孔子说："南方人有句话，说的是：'人如果没有恒心，不可以做巫医。'说得真好啊！'不能保持恒久的品德，可能会蒙羞。'"

孔子说："（没有恒心）就不用占卜了！"

三、注释

〔1〕南人：南方人。

〔2〕而：如果。

〔3〕巫医：既能与鬼神沟通，又懂医术的人。

〔4〕善夫：表示赞赏的感叹。

〔5〕不恒其德，或承之羞：出自《周易·恒·九三》，意思是：不能保持恒久的品德，可能会蒙羞。

〔6〕占：占卜，算卦。

〔7〕而已矣：加强语气，罢了。

第二十三章

一、原文

子曰："君子和⁽¹⁾而⁽²⁾不同⁽³⁾，小人同而不和。"

二、翻译

孔子说："君子求和谐但不求一致；小人求一致但不求和谐。"

三、注释

〔1〕和：和谐。

〔2〕而：连词，表示转折关系。

〔3〕同：一致。

第二十四章

一、原文

子贡问曰："乡人⁽¹⁾皆好之,何如⁽²⁾?"

子曰："未可也。"

"乡人皆恶(wù)之,何如?"

子曰："未可也。不如乡人之善者好之,其不善者恶之。"

二、翻译

子贡请教说："乡里的人都喜欢他,怎么样?"

孔子说："不可以。"

子贡又说："乡里的人都讨厌他,怎么样?"

孔子说："不可以。不如乡里的好人都喜欢他,恶人都讨厌他。"

三、注释

〔1〕乡人:同乡人,乡里的人。

〔2〕何如:倒装句,正常语序为"如何",怎么样。

第二十五章

一、原文

子曰："君子易事⁽¹⁾而⁽²⁾难说⁽³⁾(yuè)也⁽⁴⁾。说(yuè)之不以道,不说(yuè)也;及其使人也,器之⁽⁵⁾。小人难事而易说(yuè)也。说(yuè)之虽不以道,说(yuè)也;及其使人也,求备⁽⁶⁾焉。"

二、翻译

孔子说："君子容易共事，但难以取悦。不以正道取悦他，他是不会高兴的；当他用人的时候，他会量才使用。小人难共事，但容易取悦。即使不用正道取悦他，他也会高兴；当他用人的时候，总是求全责备。"

三、注释

〔1〕易事：容易共事。

〔2〕而：连词，表示转折。

〔3〕说：悦，高兴。

〔4〕也：助词，表示判断。

〔5〕器之：量才使用。

〔6〕求备：求全责备。

第二十六章

一、原文

子曰："君子泰⁽¹⁾而⁽²⁾不骄⁽³⁾，小人骄而不泰。"

二、翻译

孔子说："君子泰然自若而不骄傲自大，小人骄傲自大而不能泰然自若。

三、注释

〔1〕泰：泰然自若。

〔2〕而：连词，表示转折。

〔3〕骄：骄傲自大。

第二十七章

一、原文

子曰："刚⁽¹⁾、毅⁽²⁾、木⁽³⁾、讷⁽⁴⁾，近仁。"

二、翻译

孔子说："刚强、果决、质朴、慎言，接近仁。"

三、注释

〔1〕刚：刚强，坚强。

〔2〕毅：果决，志向坚定不动摇。

〔3〕木：质朴，朴实。

〔4〕讷：慎言，语言迟钝。

第二十八章

一、原文

子路问曰："何如斯可谓之士矣？"

子曰："切切偲（sī）偲⁽¹⁾，怡（yí）怡如也⁽²⁾，可谓士矣。朋友切切偲偲，兄弟怡怡。"

二、翻译

子路请教说："怎样才可称为士呢？"

孔子说："相互尊重，切磋勉励，和睦相处，就可称为士了。朋友要相互敬重，切磋勉励；兄弟要和睦相处。"

三、注释

〔1〕切切偲偲：相互敬重，切磋勉励。

233

〔2〕怡怡如也：和睦相处。

第二十九章

一、原文

子曰："善人教民七年，亦可以即戎^{〔1〕}矣^{〔2〕}。"

二、翻译

孔子说："善人教化民众七年，也就可以让他们去作战了。"

三、注释

〔1〕即戎：用兵，作战。

〔2〕矣：语气词，了。

第三十章

一、原文

子曰："以^{〔1〕}不教民^{〔2〕}战，是谓^{〔3〕}弃之。"

二、翻译

孔子说："用未经训练的百姓作战，这叫作抛弃他们。"

三、注释

〔1〕以：用。

〔2〕不教民：未经训练的百姓。

〔3〕是谓：这就叫作。

宪问篇第十四

第一章

一、原文

宪[1]问耻，子曰："邦有道，穀[2]（gǔ）；邦无道，穀，耻也[3]。"

"克[4]、伐[5]、怨、欲不行焉，可以为仁矣？"

子曰："可以为难矣！仁，则吾不知也。"

二、翻译

原宪请教什么是耻辱，孔子说："国家有道，是可以当官拿俸禄的；国家无道，当官拿俸禄是可耻的。"

原宪又问："好胜、自夸、怨恨、欲望，如果这些都没有的话，可以说是仁了吗？"

孔子说："可以说是难啊！是不是仁，我就不知道了。"

三、注释

〔1〕宪：原宪，孔子的学生。

〔2〕穀：当官拿俸禄。

〔3〕也：表示判断。

〔4〕克：好胜。

〔5〕伐：自夸。

第二章

一、原文

子曰："士[1]而[2]怀居[3]，不足以为士矣[4]。"

二、翻译

孔子说："读书人如果留恋家里的安逸生活，就不可能成为真正的读书人了。"

三、注释

〔1〕士：读书人。

〔2〕而：连词，表示假设，如果。

〔3〕怀居：恋家，留恋安逸的生活。

〔4〕矣：表示肯定。

第三章

一、原文

子曰："邦有道，危⁽¹⁾言危行；邦无道，危行言孙⁽²⁾（xùn）。"

二、翻译

孔子说："国家有道，可以实话实说，也可以耿直行事；国家无道，可以耿直行事，但说话要小心谨慎。"

三、注释

〔1〕危：正直的。

〔2〕孙：逊，谦逊。

第四章

一、原文

子曰："有德者必有言⁽¹⁾，有言者不必有德；仁者必有勇，勇者不必有仁。"

二、翻译

孔子说："有德的人必定有善言，有善言的人不一定有德；仁者必定有勇气，有勇气的人不一定有仁。"

三、注释

〔1〕有言：有善言。

第五章

一、原文

南宫适〔1〕（kuò）问于孔子曰："羿（yì）善射〔2〕，奡（ào）荡舟〔3〕，俱不得其死〔4〕然〔5〕。禹稷躬稼〔6〕而有天下。"夫子不答。南宫适出，子曰："君子哉若人〔7〕！尚德哉若人！"

二、翻译

南宫适向孔子请教说："后羿善于射箭，奡善于划船，最后都不得好死。禹和稷亲自耕种庄稼，却得到了天下。"孔子不答话。等南宫适离开后，孔子却说："这个人是真君子啊！这个人品德高尚啊！"

三、注释

〔1〕南宫适：南容，孔子的学生。

〔2〕羿善射：后羿善于射箭。羿：后羿，传说中的神射手。

〔3〕奡荡舟：奡善于划船。奡：传说中的大力士，善于划船，能在陆地上行船。荡舟：划船。

〔4〕不得其死：不得好死。

〔5〕然：语气词，表示断定。

〔6〕禹稷躬稼：禹和稷亲自耕种庄稼。禹：大禹，夏朝的开

国之君，善于治水；稷：掌管农业的官员，誉为谷神；躬稼：亲自务农，亲自种庄稼。

〔7〕若人：这个人。若：代词，这。

第六章

一、原文

子曰："君子而不仁者有矣夫⁽¹⁾，未有小人而仁者也⁽²⁾。"

二、翻译

孔子说："在君子里头会有不仁的人，但是在小人里头却找不到仁者。"

三、注释

〔1〕矣夫：表示肯定和判断。

〔2〕也：表示肯定和判断。

第七章

一、原文

子曰："爱之⁽¹⁾，能勿劳乎？忠焉⁽²⁾，能勿诲乎？"

二、翻译

孔子说："有爱，能不操劳吗？有忠诚，能不教诲吗？"

三、注释

〔1〕之：代词，虚指。

〔2〕焉：于此。此：代词，虚指。

第八章

一、原文

子曰："为命[1]，裨（bì）谌[2]（chén）草创[3]之，世叔讨论之，行人子羽[4]修饰之，东里子产[5]润色之。"

二、翻译

孔子说："制作公文，先由裨谌起草，再由世叔讨论，随后由外交官子羽修饰，最后由东里人子产润色。"

三、注释

〔1〕为命：制作公文。

〔2〕裨谌、世叔：郑国大夫。

〔3〕草创：起草。

〔4〕行人子羽：外交官子羽。行人：外交官；子羽：人名。

〔5〕东里子产：东里人子产。东里：地名；子产：郑国相国。

第九章

一、原文

或[1]问子产，子曰："惠人也。"

问子西[2]，曰："彼（bǐ）哉！彼哉[3]！"

问管仲，曰："人也！夺伯氏[4]骈（pián）邑[5]三百，饭疏食[6]，没（mò）齿[7]无怨言。"

二、翻译

有人询问子产，孔子说："给人恩惠。"

询问子西，孔子说："他呀！他呀！"

询问管仲，孔子说："人才啊！他义夺伯氏骈邑的三百户人家，使伯氏过着粗茶淡饭的生活，到死都没有一点怨言。"

三、注释

〔1〕或：有人。

〔2〕子西：楚国令尹。

〔3〕彼哉：他呀，表示看不起人。彼：他；哉：感叹词，呀，啊。

〔4〕伯氏：齐国贵族。

〔5〕骈邑：伯氏的封地。

〔6〕饭疏食：吃粗茶淡饭。

〔7〕没齿：一辈子，终身。

第十章

一、原文

子曰："贫而无怨，难；富而无骄，易。"

二、翻译

孔子说："贫困却没有怨言，这难以做到；富有却不骄傲，这容易做到。"

第十一章

一、原文

子曰："孟公绰$^{(1)}$为$^{(2)}$赵魏$^{(3)}$老$^{(4)}$则优$^{(5)}$，不可以为滕薛$^{(6)}$大夫。"

二、翻译

孔子说："孟公绰担任赵氏家和魏氏家的总管是绰绰有余的，但是不能担任滕国和薛国的大夫。"

三、注释

〔1〕孟公绰：鲁国人，以清心寡欲著称。

〔2〕为：担任。

〔3〕赵魏：晋国的赵氏家族和魏氏家族。

〔4〕老：总管。

〔5〕优：充足，有余。

〔6〕滕薛：滕国和薛国。

第十二章

一、原文

子路〔1〕问成人〔2〕，子曰："若臧武仲〔3〕之知，公绰〔4〕之不欲，卞庄子〔5〕之勇，冉求〔6〕之艺，文〔7〕之以礼乐，亦可以为成人矣。"

曰："今之成人者何必然〔8〕？见利思义，见危授命〔9〕，久要〔10〕不忘平生〔11〕之言，亦可以为成人矣。"

二、翻译

子路请教如何做一个完美的人，孔子说："像臧武仲那样有智慧，像孟公绰那样清心寡欲，像卞庄子那样有勇气，像冉有那样多才多艺，如果再在礼乐方面加强修养，就可以算是一个完人了。"

孔子又接着说："现在的完人为什么一定要这样呢？遇见利益能想到道义，遇见危险能豁出性命，长久不忘记自己平时许下的诺言，也可以算是完人了。"

三、注释

〔1〕子路：孔子的学生。

〔2〕成人：完人，完美的人。

〔3〕藏武仲：鲁国大夫。

〔4〕公绰：孟公绰。

〔5〕卞庄子：鲁国大夫。

〔6〕冉求：孔子的学生。

〔7〕文：修养。

〔8〕必然：必须这样，一定这样。

〔9〕见危授命：在危急关头，勇于献出自己的生命。

〔10〕久要：旧约，长久。

〔11〕平生：向来，素来。

第十三章

一、原文

子问公叔文子⁽¹⁾于公明贾⁽²⁾（gǔ）曰："信⁽³⁾乎？夫子不言，不笑，不取乎？"

公明贾对曰："以⁽⁴⁾告者过也。夫子时⁽⁵⁾然后言，人不厌其言；乐然后笑，人不厌其笑；义然后取，人不厌其取。"

子曰："其⁽⁶⁾然？岂其⁽⁷⁾然乎？"

二、翻译

孔子向公明贾询问公叔文子说："这是真的吗？他老人家不说，不笑，也不取吗？"

公明贾回答说："这是告知你的人的过错。他老人家在该说的时候才说，所以别人不讨厌他说；在快乐的时候才笑，所以别人不讨厌他笑；符合道义的时候才取，所以别人不讨厌他取。"

孔子说："难道是这样吗？难道真是这样吗？"

三、注释

〔1〕公叔文子：卫国大夫。

〔2〕公明贾：卫国人。

〔3〕信：真的。

〔4〕以：代词，这。

〔5〕时：合时。

〔6〕其：表示推测，难道。

〔7〕岂其：表示反问，难道真是。

第十四章

一、原文

子曰："臧武仲 $^{(1)}$ 以防 $^{(2)}$ 求为后于鲁，虽曰不要 $^{(3)}$ 君，吾不信也。"

二、翻译

孔子说："臧武仲以防邑作为条件，请求在鲁国为臧氏家族立后，虽说不是要挟君主，但我不相信。"

三、注释

〔1〕臧武仲：鲁国大夫。

〔2〕防：防邑。

〔3〕要：要挟。

第十五章

一、原文

子曰：“晋文公[1]谲[2]（jué）而不正，齐桓公[3]正而不谲。”

二、翻译

孔子说：“晋文公狡诈而且不正直，齐桓公正直但是不狡诈。”

三、注释

〔1〕晋文公：晋国国君。

〔2〕谲：狡诈。

〔3〕齐桓公：齐国国君。

第十六章

一、原文

子路曰：“桓公[1]杀公子纠[2]，召（shào）忽[3]死之，管仲[4]不死。”

曰：“未仁乎？”

子曰：“桓公九合诸侯[5]，不以[6]兵车，管仲之力也。如其仁[7]，如其仁……”

二、翻译

子路说：“桓公杀了公子纠，召忽死了，管仲不死。”

子路接着说：“这就是不仁吧？”

孔子说：“桓公不用武力就多次称霸会盟诸侯，这

都是管仲的功劳。至于仁，至于仁……"

三、注释

〔1〕桓公：齐桓公，齐国国君，公子纠的弟弟。

〔2〕公子纠：齐桓公的哥哥。

〔3〕召忽：公子纠的老师。

〔4〕管仲：公子纠的老师。

〔5〕九合诸侯：多次争霸会盟诸侯。九，多次；合：称霸会盟。

〔6〕以：动词，用，使用。

〔7〕如其仁：至于仁。如其：至于。

第十七章

一、原文

子贡[1]曰："管仲非仁者与？桓公杀公子纠，不能死，又相之。"

子曰："管仲相桓公，霸诸侯，一匡天下，民到于今受其赐。微[2]管仲，吾其[3]被发左衽矣。岂若[4]匹夫匹妇[5]之为谅[6]也，自经[7]于沟渎[8]而莫之知也？"

二、翻译

子贡说："管仲是不仁吗？齐桓公杀了公子纠，管仲不敢去死，又辅佐齐桓公。"

孔子说："管仲辅佐桓公，称霸诸侯，统领天下，民众至今仍受到他的恩赐。如果没有管仲，我们现在怕是还要过着披头散发、袒胸露臂的生活。难道非要像普通人那样固执己见，在困境中默默无闻地自杀吗？"

三、注释

〔1〕子贡：孔子的学生。

〔2〕微：无，非。

〔3〕其：大概。

〔4〕岂若：表示诘问。难道。

〔5〕匹夫匹妇：成语，平民百姓。

〔6〕谅：固执，顽固不化，固执己见。

〔7〕自经：上吊自杀。

〔8〕沟渎：沟渠，比喻困境。

第十八章

一、原文

公叔文子⁽¹⁾之臣大夫僎⁽²⁾（zhuàn）与文子同升诸公⁽³⁾。子闻之，曰："可以为'文'矣。"

二、翻译

公叔文子的家臣大夫僎与文子一起晋升为众公卿。孔子听到这事后说："可以把公叔文子称为'文'了。"

三、注释

〔1〕公叔文子：卫国大夫。

〔2〕僎：公叔文子的家臣。

〔3〕诸公：众公卿。

第十九章

一、原文

子言卫灵公⁽¹⁾之无道也，康子⁽²⁾曰："夫如是，奚而⁽³⁾不丧？"

孔子曰："仲叔圉⁽⁴⁾（yǔ）治宾客⁽⁵⁾，祝鮀（tuó）治宗庙，王孙贾（gǔ）治军旅，夫如是，奚其⁽⁶⁾丧？"

二、翻译

孔子说卫灵公无道，季康子说："如果是这样，他为什么没有败亡呢？"

孔子说："仲叔圉负责接待各国使者，祝鮀负责管理宗庙，王孙贾负责管理军队，像这样，怎么会败亡呢？"

三、注释

〔1〕卫灵公：卫国国君。

〔2〕康子：季康子，鲁国正卿。

〔3〕奚而：为什么。

〔4〕仲叔圉、祝鮀、王孙贾：卫国大夫。

〔5〕宾客：各国使者。

〔6〕奚其：怎么。

第二十章

一、原文

子曰："其⁽¹⁾言之⁽²⁾不怍⁽³⁾（zuò），则为之也难。"

二、翻译

孔子说："如果说话不感到惭愧，做起来就更难了。"

三、注释

〔1〕其：如果。

〔2〕之：代词，虚指。

〔3〕怍：惭愧。

第二十一章

一、原文

陈成子弑（shì）简公⁽¹⁾。孔子沐浴而朝，告于哀公⁽²⁾曰："陈恒弑其君，请讨之。"

公曰："告夫三子⁽³⁾。"

孔子曰："以吾从大夫之后⁽⁴⁾，不敢不告也。君曰：'告夫三子'者。"之⁽⁵⁾三子告，不可。

孔子曰："以吾从大夫之后，不敢不告也。"

二、翻译

陈成子以下犯上杀了齐简公。孔子沐浴后上朝，向鲁哀公报告说："陈恒以下犯上杀了他的国君，请求讨伐他。"

鲁哀公说："去告诉那三个人吧。"

孔子说："因为我曾经是大夫一级的官员，所以不敢不向国君报告。国君却说：'去告诉那三个人吧。'"孔子就向那三个人做了报告，结果是不许可出兵讨伐。

孔子说："因为我曾经是大夫一级的官员，所以我不敢不向国君报告。"

三、注释

〔1〕陈成子弑简公：陈成子以下犯上杀了简公。陈成子：陈恒，齐国国相；弑：臣杀君，子杀父；简公：齐简公，齐国国君。

〔2〕哀公：鲁哀公，鲁国第二十六位君主。

〔3〕夫三子：那三个人。夫：代词，那。三子：指季孙氏、孟孙氏和叔孙氏。

〔4〕以吾从大夫之后：因为我跟随在大夫之后，意思是曾经是大夫一级的官员。以：因为；从：跟随。

〔5〕之：到，往。

第二十二章

一、原文
子路问事君，子曰："勿欺也⁽¹⁾，而⁽²⁾犯之。"

二、翻译
子路请教如何侍奉君主，孔子说："不能搞欺骗，但是可以犯颜直谏。"

三、注释
〔1〕也：表示祈使语气。

〔2〕而：连词，表示转折。

第二十三章

一、原文
子曰："君子上达⁽¹⁾，小人下达。"

二、翻译
孔子说："君子追求上进，自强不息；小人甘于堕落，自暴自弃。"

三、注释
〔1〕达：通达。

第二十四章

一、原文

子曰："古之学者为己⁽¹⁾，今之学者为人⁽²⁾。"

二、翻译

孔子说："古代学习的人是为了自己而学习，现在学习的人是为了别人而学习。"

三、注释

〔1〕为己：为了自己。

〔2〕为人：为了别人。

第二十五章

一、原文

蘧（qú）伯玉⁽¹⁾使人于⁽²⁾孔子，孔子与之坐而问焉⁽³⁾，曰："夫子何为？"

对曰："夫子欲寡其过而未能也。"

使者出，子曰："使乎⁽⁴⁾！使乎！"

二、翻译

蘧伯玉派人来拜访孔子，孔子请他入座后询问蘧伯玉的情况，说："先生在做什么？"

这个人回答说："先生想减少自己的过错，但是还没有完全做到。"

使者离开后，孔子说："好使者啊！好使者啊！"

三、注释

〔1〕蘧伯玉：卫国大夫，孔子的好友。

〔2〕于：到。

〔3〕焉：代词，指蘧伯玉的情况。

〔4〕使乎：对使者的赞美。使：使者；乎：感叹词。

第二十六章

一、原文
曾子曰："君子思不出其位。"

二、翻译
曾子说："君子考虑问题不要超出自己的职责。"

第二十七章

一、原文
子曰："君子耻[1]其言而过其行[2]。"

二、翻译
孔子说："君子对言过其行感到耻辱。"

三、注释

〔1〕耻：以……为耻，对……感到耻辱。

〔2〕其言而过其行：自己的言论超过自己的行动，言过其行。其：代词，他的，自己的；而：同"之"，结构助词，用于主谓结构之间，取消句子的独立性，使之成为名词性短语，不译。

第二十八章

一、原文

子曰：“君子道者三，我无能焉⁽¹⁾。仁者不忧，知⁽²⁾者不惑，勇者不惧。”

子贡曰：“夫子自道也。”

二、翻译

孔子说：“君子的道有三方面，但是我一个方面都没有做到。这就是：仁者不忧虑，智者不迷惑，勇者不恐惧。”

子贡说：“老师是在说自己吧。”

三、注释

〔1〕焉：于此。

〔2〕知：智。

第二十九章

一、原文

子贡方⁽¹⁾人，子曰：“赐也，贤乎哉⁽²⁾？夫⁽³⁾我则不暇⁽⁴⁾（xiá）。”

二、翻译

子贡说别人的坏话，孔子说：“子贡，就是你能吗？我可没闲工夫扯这个。”

三、注释

〔1〕方：谤，指责别人的过失。

〔2〕乎哉：表示反诘。

〔3〕夫：代词，这种事。

〔4〕暇：空闲，闲工夫。

第三十章

一、原文

子曰："不患[1]人之不己知[2]，患其[3]不能也。"

二、翻译

孔子说："不用担心别人不了解自己，要担心自己没有能力。"

三、注释

〔1〕患：担心。

〔2〕不己知：倒装句，正常语序为"不知己"，不了解自己。

〔3〕其：自己。

第三十一章

一、原文

子曰："不逆诈[1]，不亿[2]不信，抑亦[3]先觉者，是[4]贤乎[5]！"

二、翻译

孔子说："不揣度别人有欺诈，不臆测别人不诚信，但是能事先预知的人，这才是贤能啊！"

三、注释

〔1〕逆诈：揣度欺诈。逆：预测，揣度；诈：欺诈，欺骗。

〔2〕亿：臆，臆测，预设。

〔3〕抑亦：可是，但是。

〔4〕是：这。

〔5〕乎：感叹词，啊。

第三十二章

一、原文

微生亩⁽¹⁾谓孔子曰⁽²⁾："丘，何为是栖栖者与⁽³⁾？无乃为佞乎⁽⁴⁾？"

孔子曰："非敢为佞也，疾⁽⁵⁾固⁽⁶⁾也。"

二、翻译

微生亩对孔子说："孔丘，你为什么总是这样忙忙碌碌的呢？难道不是为了施展你的善辩才能吗？"

孔子说："不敢图善辩，而是痛恨那些固执己见的人。"

三、注释

〔1〕微生亩：鲁国隐士。

〔2〕谓……曰：对……说。

〔3〕何为是栖栖者与：为什么是如此忙忙碌碌的人呢。何为：为什么；是：如此，这样；栖栖：忙忙碌碌；……者：者字结构，……的人；与：疑问词，呢。

〔4〕无乃为佞乎：不就是为了表现你的才智吗。无乃……乎：表示反问，难道不是……吗？不就是……吗？佞：善辩。

〔5〕疾：痛恨，憎恶。

〔6〕固：固执己见的人。

第三十三章

一、原文

子曰："骥⁽¹⁾（jì）不称其力，称其德也。"

二、翻译

孔子说："千里马值得称赞的不是它的力气，而是它的品德。"

三、注释

〔1〕骥：好马，良马，千里马。

第三十四章

一、原文

或⁽¹⁾曰："以⁽²⁾德报怨，何如⁽³⁾？"

子曰："何以⁽⁴⁾报德？以直报怨，以德报德。"

二、翻译

有人说："用德来报答怨恨，怎么样？"

孔子说："用什么来报答德呢？应该用正直来报答怨恨，用德来报答德。"

三、注释

〔1〕或：有人。

〔2〕以：用。

〔3〕何如：怎么样。

〔4〕何以：倒装句，正常语序为"以何"，用什么。

第三十五章

一、原文

子曰："莫我知也夫 [1]！"

子贡曰："何为 [2] 其莫知子也 [3]？"

子曰："不怨天，不尤 [4] 人，下学而上达 [5]。知我者，其天乎 [6]！"

二、翻译

孔子说："没有人了解我啊！"

子贡说："为什么没人了解你呢？"

孔子说："不埋怨天，不责怪人，下学人世，上达天德。了解我的人，恐怕只有天吧！"

三、注释

〔1〕莫我知也夫：倒装句，正常语序为"莫知我也夫"，没有人了解我啊。莫：没有人；也夫：表示感叹。

〔2〕何为：为什么。

〔3〕也：表示疑问，呢。

〔4〕尤：责备，怪罪，责怪。

〔5〕下学而上达：下学人世，上达天德。

〔6〕其……乎：大概……吧，恐怕……吧。

第三十六章

一、原文

公伯寮 [1]（liáo）愬 [2]（sù）子路于季孙 [3]，子

服景伯⁽⁴⁾以告⁽⁵⁾，曰："夫子固有惑志于⁽⁶⁾公伯寮，吾力犹能肆诸市朝⁽⁷⁾。"

子曰："道之将行也与？命也；道之将废也与？命也。公伯寮其如命何⁽⁸⁾！"

二、翻译

公伯寮向季氏控告子路，子服伯景把这事告诉了孔子，说："季孙一定被公伯寮迷惑了，我的力量还是能够把他弄死并陈尸于街市和朝廷的。"

孔子说："道将要得到施行吗？这是由天命决定的；道将要被废弃吗？这也是由天命决定的。公伯寮他能把天命怎么样！"

三、注释

〔1〕公伯寮：季氏的家臣，孔子的学生。

〔2〕愬：诉。

〔3〕季孙：鲁国正卿。

〔4〕子服景伯：鲁国大夫。

〔5〕以告：完整句子应为"以之告孔子"，把这件事告诉了孔子。

〔6〕夫子固有惑志于：季孙一定是被迷惑了。夫子：指季孙；固：必，一定；惑志于：迷惑。

〔7〕肆诸市朝：处死并在市场和朝廷上陈尸。肆：古时处死刑后陈尸示众；市朝：市场和朝廷。

〔8〕如命何：把命怎么样。如……何：把……怎么样。

第三十七章

一、原文

子曰："贤者辟[1]世，其次辟地，其次辟色，其次辟言。"

子曰："作者七人[2]矣。"

二、翻译

孔子说："贤人离世隐居，次一等的迁居避祸，再次一等的远离声色，最次一等的躲避言论。"

孔子又补充一句说："能这样做的人有七个。"

三、注释

〔1〕辟：避。

〔2〕七人：具体是谁，已无法考证。

第三十八章

一、原文

子路宿于石门[1]，晨门[2]曰："奚[3]自？"

子路曰："自孔氏。"

曰："是知其不可而为之者与？"

二、翻译

子路在石门过夜，守门的人说："从哪里来？"

子路说："从孔家来。"

守门的人说："就是那个知其不可为却还要去做的人吗？"

三、注释

〔1〕石门：地名。

〔2〕晨门：守门的人。

〔3〕奚：什么。

第三十九章

一、原文

子击磬（qìng）于卫⁽¹⁾，有荷蒉⁽²⁾（kuì）而过孔氏之门者，曰："有心哉！击磬乎！"

既而⁽³⁾曰："鄙⁽⁴⁾哉！硁（kēng）硁⁽⁵⁾乎！莫己知也⁽⁶⁾，斯己而已矣⁽⁷⁾。'深则厉，浅则揭⁽⁸⁾（qì）。'"

子曰："果哉！末之难矣⁽⁹⁾！"

二、翻译

孔子在卫国击磬，有个背草筐路过孔子门口的人，说："心事重啊！怎么这样击磬！"

过了一会儿，又说："真是浅薄啊！哪里有这样硁硁击磬的！如果没有人了解自己，就这样算了吧。水深就穿着衣服游水过河，水浅就提起裤腿蹚水过河。"

孔子说："真果断！没有什么能难住他的了！"

三、注释

〔1〕子击磬于卫：孔子在卫国击磬。子：孔子；磬：打击乐器；于：在；卫：卫国。

〔2〕荷蒉：背负草筐。荷：背负；蒉：草筐。

〔3〕既而：不久，一会儿。

〔4〕鄙：粗俗，浅薄。

〔5〕硁硁：击磬的声音。

〔6〕莫己知也：倒装句，正常语序为"莫知己也"，没有人了解自己。莫：没有人。

〔7〕斯己而已矣：就这样算了吧。斯：就；而已矣：语气词连用，加强语气，吧。

〔8〕深则厉，浅则揭：《诗经•卫风•匏（páo）有苦叶》中的诗句："深则厉，浅则揭（qì）。"意思是：水深就穿着衣服游水过河，水浅就提起裤腿蹚水过河。深：水深；厉：穿戴衣服；浅：水浅；揭：提起衣服。

〔9〕末之难矣：倒装句，正常语序为"末难之矣"，没有什么能难住他的了。末：没有；矣：了。

第四十章

一、原文

子张〔1〕曰："《书〔2〕》云：'高宗谅阴〔3〕，三年不言〔4〕。'何谓也？"

子曰："何必〔5〕高宗？古之人皆然。君薨〔6〕（hōng），百官总己〔7〕以听于冢（zhǒng）宰〔8〕三年。"

二、翻译

子张说："《尚书》中说：'高宗守丧，三年不理朝政。'这是什么意思？"

孔子说："不一定只有高宗这样吧？古人都是这样。国君去世，百官各守其职，都听命于冢宰三年。"

三、注释

〔1〕子张：孔子的学生。

〔2〕书：尚书。

〔3〕高宗谅阴：高宗守丧。高宗：商朝国君武丁，谥号高宗；谅阴：守丧。

〔4〕不言：不讲话，意思是不理朝政。

〔5〕何必：未必，不一定，用于反问句。

〔6〕薨：死，去世。

〔7〕总己：全部人员都各司其职。

〔8〕冢宰：官职，相当于宰相。

第四十一章

一、原文

子曰："上好礼，则民易使也。"

二、翻译

孔子说："如果在上位的人喜欢礼，那么民众就容易被指使了。"

第四十二章

一、原文

子路问君子，子曰："修己以敬〔1〕。"

曰："如斯而已乎〔2〕？"

曰："修己以安人。"

曰："如斯而已乎？"

曰："修己以安百姓。修己以安百姓，尧舜其犹病诸〔3〕。"

二、翻译

子路请教君子，孔子说："以严肃认真的态度修养自己。"

子路又说："如此而已吗？"

孔子说："修养自己让别人安定。"

子路又说："如此而已吗？"

孔子又说："修养自己让百姓安定。修养自己让百姓安定，就连尧帝和舜帝都难以做到。"

三、注释

〔1〕修己以敬：严肃人的自我修养。修己：自我修养；以敬：严肃认真，恭敬。

〔2〕如斯而已乎：如此而已吗。如斯：如此；而已乎：语气词连用，加强语气，表示疑问，吗。

〔3〕尧舜其犹病诸：尧帝和舜帝都难以做到。尧舜：尧帝和舜帝，古代的两位部落首领；病：毛病，不足，难以做到；诸：语气助词。

第四十三章

一、原文

原壤夷俟⁽¹⁾（sì），子曰："幼而不孙（xùn）弟⁽²⁾（tì），长而无述焉，老而不死，是为贼⁽³⁾。"以杖叩其胫⁽⁴⁾（jìng）。

二、翻译

原壤叉开双腿坐在地上，孔子说："年幼时不懂得兄友弟恭，年长时又没有什么可述说的成就，年老了又死不掉，你真是个祸害。"用手杖敲了敲原壤的小腿。

三、注释

〔1〕原壤夷俟：原壤叉开双腿坐在地上等着。原壤：人名；夷俟：两腿叉开坐在地上等着；夷：平直地坐着；俟：等待。

〔2〕孙弟：逊悌，尊敬兄长，兄友弟恭。

〔3〕贼：害人的人，祸害。

〔4〕胫：小腿。

第四十四章

一、原文

阙（quē）党童子将命$^{(1)}$，或$^{(2)}$问之曰："益者与$^{(3)}$？"

子曰："吾见其居于位也，见其与先生并行也，非求益者也，欲速成者也。"

二、翻译

阙党有个童子来向孔子传话，有人向孔子说："这样对孩子有益处吗？"

孔子说："我看见他坐在大人的位置上，又见他与大人并肩而行，这不是没有益处，而是想急于求成。"

三、注释

〔1〕阙党童子将命：阙党有个童子来传话。阙党：地名；童子：14岁以前未成年的孩子；将命：传话。

〔2〕或：有人。

〔3〕者与：疑问词，吗。

卫灵公篇第十五

第一章

一、原文

卫灵公⁽¹⁾问陈⁽²⁾（zhèn）于孔子，孔子对曰："俎（zǔ）豆⁽³⁾之事，则尝闻之矣，军旅之事，未之学也。"明日遂行。

二、翻译

卫灵公向孔子询问关于军队布阵打仗的事，孔子回答说："祭祀的事，我听说过，军队的事，我没学过。"明日孔子就离开了卫国。

三、注释

〔1〕卫灵公：卫国君主。

〔2〕陈：阵，军队布阵。

〔3〕俎豆：祭祀。

第二章

一、原文

在陈⁽¹⁾绝粮，从者病，莫能兴⁽²⁾。子路愠（yùn）见曰："君子亦有穷乎？"

子曰："君子固穷⁽³⁾，小人穷斯⁽⁴⁾滥⁽⁵⁾矣。"

二、翻译

孔子师徒在陈国断粮，随从的人病倒了，站不起来。于是，子路很不高兴。见到孔子就说："君子也有穷困时候吗？"

孔子说："君子固守穷困，小人穷困就胡作非为。"

三、注释

〔1〕陈：陈国。

〔2〕兴：起来。

〔3〕固穷：固守气节，甘于贫困。

〔4〕斯：就。

〔5〕滥：不加选择，不加节制，胡作非为。

第三章

一、原文

子曰：“赐[1]也！女[2]（rǔ）以予为多学而识[3]（zhì）之者与[4]？”

对曰：“然，非与？”

曰：“非也。予一以贯之[5]。”

二、翻译

孔子说：“端木赐，你以为我是多学而且能强记的人吗？”

端木赐回答说：“当然，不是吗？”

孔子说：“不是。我是一以贯之的。”

三、注释

〔1〕赐：端木赐，子贡，孔子的学生。

〔2〕女：汝，你。

〔3〕识：记住。

〔4〕与：疑问词，吗。

〔5〕一以贯之：抓住根本贯彻到底。

第四章

一、原文

子曰："由⁽¹⁾，知德者鲜⁽²⁾矣⁽³⁾。"

二、翻译

孔子说："仲由，能知道德的人太少了。"

三、注释

〔1〕由：仲由，子路，孔子的学生。

〔2〕鲜：少。

〔3〕矣：语气词，了。

第五章

一、原文

子曰："无为而治者，其⁽¹⁾舜也与⁽²⁾？夫何为哉⁽³⁾？恭己正南面而已矣⁽⁴⁾。"

二、翻译

孔子说："无为而治的人，大概只有舜帝吧？他做什么了呢？只是庄重地端坐在尊位上罢了。"

三、注释

〔1〕其：大概。

〔2〕也与：文言助词，表示反问。

〔3〕夫何为哉：倒装句，正常语序为"夫为何哉"，做了什么呢。夫：发语词；哉：文言助词，表示反问。

〔4〕恭己正南面而已矣：自己庄重地在尊位上罢了。恭己：

恭谨律己，庄重；南面：尊位，坐北朝南面见群臣；而已矣：文言助词连用，表示加强语气，（只是）……罢了。

第六章

一、原文

子张问行⁽¹⁾，子曰："言忠信，行笃⁽²⁾（dǔ）敬，虽蛮貊⁽³⁾（mò）之邦，行矣。言不忠信，行不笃敬，虽州里⁽⁴⁾，行乎哉？立则见其参（cān）于前也；在舆则见其倚⁽⁵⁾（yǐ）于衡⁽⁶⁾也。夫然后行。"子张书诸绅⁽⁷⁾。

二、翻译

子张请教如何才能行得通，孔子说："讲话诚实守信，行动忠厚老实，即使在边远地区也能行得通。讲话不诚实守信，行动不忠厚老实，即使在本乡本土，能行得通吗？站着，就好像这几个字竖立在眼前；乘车，就好像这几个字刻在横木上。这样就可以行得通了。"子张把这几个字写在了他的大腰带上。

三、注释

〔1〕行：行得通。

〔2〕笃：忠实，厚实。

〔3〕蛮貊：古代的落后部族，泛指落后部族。蛮，南方部族；貊，北方部族。

〔4〕州里：乡里，本土。

〔5〕倚：立。

〔6〕衡：横，横木。

〔7〕绅：大腰带。

第七章

一、原文

子曰："直哉史鱼[1]！邦有道，如矢；邦无道，如矢[2]。君子哉蘧伯玉！邦有道，则仕；邦无道，则可卷而怀之。"

二、翻译

孔子说："史鱼真是耿直啊！国家有道时，他耿直；国家无道时，他也耿直。蘧伯玉是个真君子啊！国家有道时，他出来做官；国家无道时，他就卷铺盖走人。"

三、注释

〔1〕史鱼、蘧伯玉：均为卫国大夫。

〔2〕矢：正直，耿直。

第八章

一、原文

子曰："可与言而不与之言，失人；不可与言而与之言，失言。知[1]者不失人，亦不失言。"

二、翻译

孔子说："可以与他讲话却没有与他讲话，这是失人。不可以与他讲话却与他讲了话，这是失言。智者既不失人，也不失言。"

三、注释

〔1〕知：智。

第九章

一、原文

子曰："志士仁人[1]，无求生以害仁，有杀身以成仁。"

二、翻译

孔子说："有志向有仁德的人，没有因贪生怕死而损害仁的，有杀身以成仁的。"

三、注释

〔1〕志士仁人：有志向有仁德的人。

第十章

一、原文

子贡问为[1]仁，子曰："工欲善其事，必先利其器。居是邦也，事其大夫之贤者，友其士之仁者。"

二、翻译

子贡请教怎样做到仁，孔子说："工人要想把事情做好，必须先要把他的工具弄锋利。居住在一个国家，要侍奉好大夫中的贤良君子，要与读书人中的仁者交朋友。"

三、注释

〔1〕为：做，践行。

第十一章

一、原文

颜渊问为⁽¹⁾邦,子曰:"行夏之时⁽²⁾,乘殷之辂⁽³⁾(lù),服周之冕⁽⁴⁾,乐则《韶》舞。放郑声⁽⁵⁾,远佞⁽⁶⁾(nìng)人。郑声淫,佞人殆。"

二、翻译

颜渊请教治理国家,孔子说:"施行夏朝的历法,乘坐殷朝的大车,戴周朝的官帽,演奏《韶》舞。禁止郑国的音乐歌舞,远离巧言善辩的人。郑国的音乐歌舞放纵淫邪,巧言善辩的人有危险。"

三、注释

〔1〕为:治理。

〔2〕夏之时:夏朝历法。

〔3〕殷之辂:殷朝的大车。辂:大车。

〔4〕周之冕:周朝的官帽。冕:大夫以上官员戴的官帽。

〔5〕放郑声:禁绝郑国的音乐歌舞。放,禁止;郑,郑国;声,音乐歌舞。

〔6〕佞:巧言善辩。

第十二章

一、原文

子曰:"人无远虑⁽¹⁾,必有近忧⁽²⁾。"

二、翻译

孔子说："人没有长远的思考，近处必定有可忧虑的事。"

三、注释

〔1〕虑：思考。

〔2〕忧：可忧虑的事。

第十三章

一、原文

子曰："已矣乎⁽¹⁾！吾未见好德如好色者也。"

二、翻译

孔子说："算了吧！我没见过爱好德如同爱好色一样的人。"

三、注释

〔1〕已矣乎：算了吧，罢了。

第十四章

一、原文

子曰："臧文仲⁽¹⁾，其窃位者与？知柳下惠⁽²⁾之贤而不与立⁽³⁾也。"

二、翻译

孔子说："臧文仲，他是个窃取名位的人吧？明知柳下惠是贤能之人，却不向上面推荐。"

三、注释

〔1〕臧文仲：鲁国正卿。

〔2〕柳下惠：鲁国大夫。

〔3〕立：推荐。

第十五章

一、原文

子曰："躬⁽¹⁾自厚⁽²⁾，而薄⁽³⁾责于人，则远怨矣⁽⁴⁾。"

二、翻译

孔子说："如果自我珍重，而且少责怪别人，那就会远离别人的怨恨了。"

三、注释

〔1〕躬：自身。

〔2〕自厚：自重，善自珍重。

〔3〕薄：少。

〔4〕矣：语气词，了。

第十六章

一、原文

子曰："不⁽¹⁾曰'如之何⁽²⁾，如之何'者，吾末⁽³⁾如之何也已矣⁽⁴⁾！"

二、翻译

孔子说："对于光说'咋办，咋办'的人，我也不知道该咋办了。"

三、注释

〔1〕不：语气词。

〔2〕如之何：怎么办，咋办。

〔3〕末：最终，到头来。

〔4〕也已矣：语气词连用，表示加强语气。

第十七章

一、原文

子曰："群居终日，言不及义⁽¹⁾，好行小慧⁽²⁾，难矣哉⁽³⁾！"

二、翻译

孔子说："整天聚在一起，也没有什么正经话说，还好耍小聪明，这也真是难啊！"

三、注释

〔1〕言不及义：没有正经的话。

〔2〕慧：聪明。

〔3〕矣哉：表示感叹，啊。

第十八章

一、原文

子曰："君子义以为⁽¹⁾质⁽²⁾，礼以⁽³⁾行之，孙⁽⁴⁾（xùn）以出之，信以成⁽⁵⁾之。君子哉⁽⁶⁾！"

二、翻译

孔子说："君子把义作为根本，依礼行事，谦逊待人，

诚信立业。这就是君子啊！"

三、注释

〔1〕以为：作为，用作。

〔2〕质：本质，根本。

〔3〕以：表示目的，用来……。

〔4〕孙：逊，谦逊。

〔5〕成：成就，立业。

〔6〕哉：感叹词，啊。

第十九章

一、原文

子曰："君子病(1)无能焉(2)，不病人之不己知'3'也(4)。"

二、翻译

孔子说："君子担心没有能力，不担心别人不了解自己。"

三、注释

〔1〕病：担忧，担心。

〔2〕焉：语气词，表示肯定。

〔3〕人之不己知：倒装句，正常语序应为"人之不知己"，别人不了解自己。之：结构助词。

〔4〕也：语气词，表示肯定。

第二十章

一、原文

子曰："君子疾(1)没世(2)而名不称(3)焉。"

二、翻译

孔子说："君子担心死后没有合适的称号啊。"

三、注释

〔1〕疾：担心，担忧。

〔2〕没世：死。

〔3〕不称：不相符，不相称。

第二十一章

一、原文

子曰："君子求诸⁽¹⁾己，小人求诸人。"

二、翻译

孔子说："君子求之于自己，小人求之于别人。"

三、注释

〔1〕诸：之于。

第二十二章

一、原文

子曰："君子矜⁽¹⁾（jīn）而不争，群⁽²⁾而不党⁽³⁾。"

二、翻译

孔子说："君子庄重而不争斗，合群而不结党。"

三、注释

〔1〕矜：庄重。

〔2〕群：合群，聚集。

〔3〕党：结党，勾结。

第二十三章

一、原文

子曰："君子不以⁽¹⁾言举⁽²⁾人，不以人废⁽³⁾言。"

二、翻译

孔子说："君子不因为言论举荐人，不因为人废除言论。"

三、注释

〔1〕以：因为，由于。

〔2〕举：举荐。

〔3〕废：废除。

第二十四章

一、原文

子贡问曰："有一言而可以终身行之者乎？"

子曰："其'恕'乎？己所不欲，勿施于人。"

二、翻译

子贡请教说："有一个字可以终身奉行的吗？"

孔子说："大概是'恕'吧？自己不想要的东西，不要施加给别人。"

第二十五章

一、原文

子曰："吾之于⁽¹⁾人也，谁毁谁誉？如有所誉者，其有所试⁽²⁾矣。斯民也，三代⁽³⁾之所以直道而行⁽⁴⁾也。"

二、翻译

孔子说："我对于人，诋毁过谁，赞誉过谁？如果有赞誉的话，也是经过验证的。得到赞誉的人，也是在夏、商、周三代中的那些办事公正的人。"

三、注释

〔1〕之于：对于。

〔2〕试：验证。

〔3〕三代：夏、商、周三代。

〔4〕直道而行：走正道，比喻办事公正。

第二十六章

一、原文

子曰："吾犹⁽¹⁾及⁽²⁾史⁽³⁾之阙⁽⁴⁾（quē）文也。""有马者借人乘之，今亡⁽⁵⁾（wú）矣夫⁽⁶⁾。"

二、翻译

孔子说："我还能读到史书中有空缺的文字。"

（孔子说：）"有马的人把马借给别人骑，现在这种情况没有了。"

三、注释

〔1〕犹：尚且，还。

〔2〕及：遇到，读到。

〔3〕史：史书。

〔4〕阙：缺，空。

〔5〕亡：无，没有。

〔6〕矣夫：语气词，了。

第二十七章

一、原文
子曰："巧言⁽¹⁾乱德，小不忍则乱大谋。"

二、翻译
孔子说："花言巧语会败坏德行，如果在小事上不能容忍的话，就会扰乱大的谋略。"

三、注释
〔1〕巧言：好听的话，花言巧语。巧：美好的，好听的。《诗经·小雅》中有这样的诗句："巧言如簧，颜之厚矣。""巧言如流，俾躬处休。"

第二十八章

一、原文
子曰："众恶（wù）之⁽¹⁾，必察焉⁽²⁾；众好之，必察焉。"

二、翻译

孔子说："众人都讨厌的，必须考察；众人都喜欢的，也必须考察。"

三、注释

〔1〕之：代词，人或事物，虚指。

〔2〕焉：相当于代词"之"，虚指。

第二十九章

一、原文

子曰："人能弘[1]道，非道弘人。"

二、翻译

孔子说："人能弘扬道，不是道来弘扬人。"

三、注释

〔1〕弘：弘扬。

第三十章

一、原文

子曰："过而[1]不改，是[2]谓过矣。"

二、翻译

孔子说："有过错却不去改正，这才是真正的过错。"

三、注释

〔1〕而：连词，表示转折关系，却。

〔2〕是：这。

第三十一章

一、原文

子曰："吾尝⁽¹⁾终日⁽²⁾不食，终夜⁽³⁾不寝，以思无益，不如学也。"

二、翻译

孔子说："我曾经整日整夜地不吃饭不睡觉，都用来思考，但是徒劳无益，还不如学习好呢。"

三、注释

〔1〕尝：曾经。

〔2〕终日：整日。

〔3〕终夜：整夜。

第三十二章

一、原文

子曰："君子谋道不谋食。耕也，馁⁽¹⁾（něi）在其中矣；学也，禄在其中矣。君子忧道不忧贫。"

二、翻译

孔子说："君子谋求道，不谋求食物。耕田，却经常挨饿；求学，可以得到俸禄。君子担忧道，不担忧贫困。"

三、注释

〔1〕馁：饥饿。

第三十三章

一、原文

子曰："知⁽¹⁾及之，仁不能守之，虽⁽²⁾得之，必失之；知及之，仁能守之，不庄⁽³⁾以涖⁽⁴⁾（lì）之，则民不敬。知及之，仁能守之，庄以涖之，动之不以礼，未善也。"

二、翻译

孔子说："智慧达到了，仁却守不住，即使得到了，也必定会失去；智慧达到了，仁也能持守住，但却不能严肃认真地对待，那么百姓就不会尊敬；智慧达到了，仁也能持守住，也能严肃认真地对待，但却不以礼行动，那也是不好的。"

三、注释

〔1〕知：智。

〔2〕虽：即使。

〔3〕庄：严肃认真。

〔4〕涖：莅，对待。

第三十四章

一、原文

子曰："君子不可小知⁽¹⁾，而可大受⁽²⁾也；小人不可大受，而可小知也。"

二、翻译

孔子说："君子不能管小事，但却能办大事；小人

不能办大事，但却能管小事。"

三、注释

〔1〕小知：倒装句，正常语序为"知小"，管理小事。

〔2〕大受：倒装句，正常语序为"受大"，承办大事。

第三十五章

一、原文

子曰："民之于[1]仁也，甚于水火。水火，吾见蹈[2]而死者矣，未见蹈仁而死者也。"

二、翻译

孔子说："民众对于仁，胜过对于水火。水火，我见过跳进去而死的，没见过实践仁而死的。"

三、注释

〔1〕之于：对于。

〔2〕蹈：践踏。

第三十六章

一、原文

子曰："当[1]仁，不让[2]于师。"

二、翻译

孔子说："在仁面前，即使是老师也不要谦让。"

三、注释

〔1〕当：面临。

〔2〕让：谦让。

第三十七章

一、原文

子曰："君子贞⁽¹⁾而不谅⁽²⁾。"

二、翻译

孔子说："君子正直但不固执。"

三、注释

〔1〕贞：正，正直。

〔2〕谅：固执。

第三十八章

一、原文

子曰："事君，敬其事而后⁽¹⁾其食⁽²⁾。"

二、翻译

孔子说："侍奉君主，先认真做事，然后再拿俸禄。"

三、注释

〔1〕而后：然后。

〔2〕食：俸禄。

第三十九章

一、原文

子曰："有教无类。"

二、翻译

孔子说："教育不分类别。"

第四十章

一、原文

子曰："道不同，不相为谋。"

二、翻译

孔子说："走的道路不同，所以不能在一起相互谋划。"

第四十一章

一、原文

子曰："辞[1]达[2]而已矣[3]！"

二、翻译

孔子说："言辞要表达清楚！"

三、注释

〔1〕辞：言辞，文辞。

〔2〕达：畅达，表达清楚。

〔3〕而已矣：语气词连用，表示强烈的语气。

第四十二章

一、原文

师冕[1]见，及阶，子曰："阶也。"

及席，子曰："席也。"

皆坐，子告之曰："某在斯⁽²⁾，某在斯。"

师冕出，子张问曰："与师言之道与⁽³⁾？"

子曰："然，固⁽⁴⁾相⁽⁵⁾师之道也。"

二、翻译

与盲人乐师冕见面，乐师冕走到了台阶，孔子说："这是台阶。"

乐师冕走到了座席，孔子说："这是座席。"

大家入座后，孔子告诉乐师冕说："某人在这里，某人在这里。"

乐师冕离开后，子张请教说："这是与盲人乐师谈话的方法吗？"

孔子说："是，这本就是帮助盲人乐师的方法。"

三、注释

〔1〕师冕：盲人乐师冕。师：乐师，一般为盲人；冕：乐师的名字。

〔2〕斯：这，这里。

〔3〕与师言之道与：第一个"与"是和、跟的意思；第二个"与"是疑问词，吗。

〔4〕固：原来，本来。

〔5〕相：帮助。

季氏篇第十六

第一章

一、原文

季氏⁽¹⁾将伐颛（zhuān）臾⁽²⁾（yú）。

冉有、季路见于孔子曰："季氏将有事⁽³⁾于颛臾。"

孔子曰："求，无乃尔是过与⁽⁴⁾？夫颛臾，昔者先王以为东蒙主⁽⁵⁾，且在城邦之中矣，是社稷之臣也。何以伐为⁽⁶⁾？"

冉有曰："夫子欲之，吾二臣者皆不欲也。"

孔子曰："求，周任⁽⁷⁾有言曰：'陈力就列⁽⁸⁾，不能者止。'危而不持，颠而不扶，则将焉⁽⁹⁾用彼相⁽¹⁰⁾矣？且尔言过矣，虎兕⁽¹¹⁾（sì）出于柙⁽¹²⁾（xiá），龟玉毁于椟⁽¹³⁾（dú）中，是谁之过与？"

冉有曰："今夫颛臾，固而近于费⁽¹⁴⁾（bì）。今不取，后世必为子孙忧。"

孔子曰："求，君子疾⁽¹⁵⁾夫舍曰⁽¹⁶⁾欲之，而必为之辞⁽¹⁷⁾。丘也闻，有国有家者⁽¹⁸⁾，不患寡而患不均，不患贫而患不安。盖⁽¹⁹⁾均无贫，和无寡，安无倾。夫如是⁽²⁰⁾，故远人不服，则修文德以来之。既来之，则安之。今由与求也，相夫子，远人不服而不能来也，邦分崩离析而不能守也，而谋动干戈⁽²¹⁾于邦内。吾恐季孙之忧，不在颛臾，而在萧墙之内⁽²²⁾也。"

二、翻译

季氏将要讨伐颛臾。

冉有、季路拜见孔子，说："季氏将要对颛臾用兵。"

孔子说："求（冉有），难道不是你的过错吗？颛臾是先王确定的东蒙山的主人，而且在城邦内，是附属国。为什么要讨伐呢？"

冉有说："季氏要这样，我俩都不想。"

孔子说："求，周任说：'担任官职，贡献才能，不行就停止。'危险却不去扶持，跌倒却不去帮扶，怎么能用这样的辅臣呢？而且你此言差矣。老虎犀牛从笼子里逃脱，乌龟玉石在匣子里毁坏，是谁的过错呢？"

冉有说："颛臾的城邑坚固又离费邑很近。如果现在不占有它，将来必然会给子孙带来祸患。"

孔子说："求，君子痛恨那些不说想要，却找借口进行掩饰的人。我孔丘听说，诸侯卿大夫们不要担心少而是要担心不平均，不要担心贫困而是要担心不安定。大概是指平均就不存在贫困了，和谐就不会感到少了，安定就不再有倾覆了。如果这样，边远的人不来归服，就要通过修文德来使他们归服。如果他们归服了，就要使他们安定下来。现在由（季路）和求辅助先生，边远的人不来归服，国家分崩离析了，却不能守护，而是在国内谋划大动干戈，我担心季氏的忧患不在颛臾，而在你们内部啊。"

三、注释

〔1〕季氏：鲁国大夫。

〔2〕颛臾：鲁国的附属国。

〔3〕有事：用兵。

〔4〕无乃尔是过与：难道不是你的过错吗？无乃……与：难道不是……吗？尔：你；是：助词；过：过错。

〔5〕东蒙主：东蒙山的主人。东蒙：东蒙山。

〔6〕为：表示疑问，呢。

〔7〕周任：古代的贤臣，已不可考。

〔8〕陈力就列：担任官职，贡献才能。陈力：贡献能力；就：担任；列：官职。

〔9〕焉：疑问词，怎么。

〔10〕相：辅臣。

〔11〕兕：犀牛。

〔12〕柙：关兽的木笼子。

〔13〕椟：木匣子。

〔14〕费：地名，费邑。

〔15〕疾：痛恨。

〔16〕舍曰：不说。舍：舍弃，放弃。

〔17〕为之辞：找借口。为：找；辞：借口。

〔18〕有国有家者：诸侯卿大夫们。诸侯有国，卿大夫有家。

〔19〕盖：大概。

〔20〕夫如是：如果这样。夫：发语词；如是：如果这样。

〔21〕干戈：战争。干：像盾的兵器；戈：像矛的兵器。

〔22〕萧墙之内：内部。萧墙：国君宫门内的小墙。

第二章

一、原文

孔子曰："天下有道，则礼乐征伐自天子出；天下无道，则礼乐征伐自诸侯出。自诸侯出，盖十世希〔1〕不失矣；自大夫出，五世希不失矣；陪臣〔2〕执国命〔3〕，三世希不失矣。天下有道，则政不在大夫。天下有道，则庶人⁽⁴⁾不议。"

二、翻译

孔子说："如果天下有道，那么礼乐征伐就由天子发布；如果天下无道，那么礼乐征伐就由诸侯发布。如果由诸侯发布，大概传到第十代很少有不失去国家的。如果由大夫向外发布，传到第五代很少有不失去国家的。如果大夫的家臣掌握了国家政权，那么传到第三代很少有不失去国家的。如果天下有道，政权就不会旁落到大夫手里。如果天下有道，平民百姓就不会议论国家政事。"

三、注释

〔1〕希：稀，稀少，罕见。

〔2〕陪臣：大夫的家臣。

〔3〕执国命：把持国家政权。

〔4〕庶人：平民百姓。

第三章

一、原文

孔子曰："禄⁽¹⁾之去⁽²⁾公室⁽³⁾五世⁽⁴⁾矣，政逮⁽⁵⁾于大夫四世⁽⁶⁾矣，故夫三桓⁽⁷⁾之子孙微矣。"

二、翻译

孔子说："鲁国国君失去国家政权已经五代了，政权旁落在大夫手里已经四代了，所以三桓的子孙已经衰微了。"

三、注释

〔1〕禄：禄位，这里指鲁国国君。

〔2〕去：离开。

〔3〕公室：国家政权。

〔4〕五世：鲁宣公、鲁成公、鲁襄公、鲁昭公、鲁定公。

〔5〕逮：到，及。

〔6〕四世：季文子、季武子、季平子、季桓子。

〔7〕三桓：孟孙氏、叔孙氏、季孙氏。

第四章

一、原文

孔子曰："益者三友，损者三友。友直，友谅⁽¹⁾，友多闻，益矣；友便（piàn）辟⁽²⁾（pì），友善柔⁽³⁾，友便（pián）佞⁽⁴⁾（nìng），损矣。"

二、翻译

孔子说："有益的朋友有三种，有害的朋友有三种。朋友正直，朋友诚实，朋友见识广博，这是有益的。朋友谄媚，朋友奉承，朋友巧言善辩，这是有害的。"

三、注释

〔1〕谅：诚实。

〔2〕便辟：谄媚逢迎。

〔3〕善柔：阿谀奉承。

〔4〕便佞：巧言善辩。

第五章

一、原文

孔子曰："益者三乐，损者三乐。乐节礼乐，乐道人之善，乐多贤友，益矣。乐骄乐，乐佚游⁽¹⁾，乐晏⁽²⁾乐，损矣。"

二、翻译

孔子说："有益的娱乐有三种，有害的娱乐有三种。用礼乐约束的娱乐，赞美别人善行的娱乐，多交接贤良朋友的娱乐，这是有益的。骄奢放纵的娱乐，闲散游荡的娱乐，海吃海喝的娱乐，这是有损害的。"

三、注释

〔1〕佚游：闲散游荡。佚：逸。

〔2〕晏：宴。

第六章

一、原文

孔子曰："侍于君子有三愆⁽¹⁾（qiān）：言未及之而言，谓之躁；言及之而不言，谓之隐；未见颜色而言，谓之瞽⁽²⁾（gǔ）。"

二、翻译

孔子说："侍奉君主有三个需要注意的毛病：话还没说到那里就开始说话，这叫急躁；话说到那里了却不说话，这叫隐瞒；不看看脸色就说话，这叫盲目。"

三、注释

〔1〕愆：过失，毛病。

〔2〕瞽：瞎子，盲人。

第七章

一、原文

孔子曰："君子有三戒[1]：少之时，血气未定，戒之在色；及其壮也，血气方刚，戒之在斗；及其老也，血气既衰，戒之在得。"

二、翻译

孔子说："君子需要三戒：年少的时候，血气未定，要戒色；等到壮年，血气方刚，要戒斗；等到老年，血气已衰，要戒得。"

三、注释

〔1〕戒：防备。

第八章

一、原文

孔子曰："君子有三畏：畏天命，畏大人，畏圣人之言。小人不知天命，而不畏也，狎[1]（xiá）大人，侮圣人之言。"

二、翻译

孔子说："君子敬畏三件事：敬畏天命，敬畏大人，敬畏圣人的话。小人不知道天命，因此不敬畏，同时轻视大人，侮辱圣人讲的话。"

三、注释

〔1〕狎：亲近但态度不庄重。

第九章

一、原文

孔子曰："生而知之者，上也；学而知之者，次也；困而学之，又其次也；困而不学，民斯为下矣。"

二、翻译

孔子说："生而知之的人，是上等的；学而知之的人，是次一等的；在困境中学的人，是再次一等的；在困境中仍不学的人，是最下等的。"

第十章

一、原文

孔子曰："君子有九思[1]：视[2]思明[3]，听思聪[4]，色[5]思温[6]，貌[7]思恭[8]，言[9]思忠[10]，事[11]思敬[12]，疑[13]思问[14]，忿[15]思难[16]，见得思义[17]。"

二、翻译

孔子说："君子需要考虑九件事：看得是否明白，听得是否清楚，面色是否温和，容貌是否恭敬，言谈是否真诚，办事是否认真，有疑问是否需要请教，发怒是否会有后患，获得利益是否属于正当。"

三、注释

〔1〕思：思考，考虑。

〔2〕视：看。

〔3〕明：明白。

〔4〕聪：清楚。

〔5〕色：面色，脸色。

〔6〕温：温和。

〔7〕貌：容貌，态度。

〔8〕恭：恭敬。

〔9〕言：言语。

〔10〕忠：诚恳，真诚。

〔11〕事：办事。

〔12〕敬：认真。

〔13〕疑：疑惑，不懂。

〔14〕问：请教。

〔15〕忿：生气，发怒。

〔16〕难：困难，后患。

〔17〕义：正义，正当。

第十一章

一、原文

孔子曰："见善如不及⁽¹⁾，见不善如探汤⁽²⁾。吾见其人矣，吾闻其语矣。隐居以求其志，行义以达其道。吾闻其语矣，未见其人也。"

二、翻译

孔子说："遇见善良就要像赶不上一样去追赶，遇见邪恶就要像把手伸到沸腾的水里一样赶快避开。我见到过这样的人，我也听到过这样的话。为了实现自己的理想而隐居起来，为了实现自己的主张而推行义，我听说过这样的话，但没见到过这样的人。"

三、注释

〔1〕不及：赶不上。

〔2〕探汤：用手试探沸腾的水。

第十二章

一、原文

齐景公⁽¹⁾有马千驷⁽²⁾，死之日，民无德而称焉。伯夷、叔齐⁽³⁾饿于首阳⁽⁴⁾之下，民到于今称之，其斯之谓与⁽⁵⁾？

二、翻译

齐景公有四千匹马，死的时候，老百姓竟然找不到他有什么好的品德可以称颂。伯夷和叔齐兄弟俩饿死在首阳山下，老百姓到现在还称颂他们，说的大概就是这个意思吧？

三、注释

〔1〕齐景公：齐国国君。

〔2〕驷：拉同一辆车的四匹马。

〔3〕伯夷、叔齐：孤竹国的两位王子。

〔4〕首阳：指首阳山。

〔5〕其斯之谓与：说的大概就是这个意思吧。其：大概；斯：就；之：结构助词；谓：说；与：疑问词，吗。

第十三章

一、原文

陈亢⁽¹⁾（gāng）问于伯鱼⁽²⁾曰："子亦有异闻⁽³⁾乎？"

对曰："未也。尝⁽⁴⁾独立，鲤（lǐ）趋而过庭，曰：'学诗乎？'对曰：'未也。''不学诗，无以⁽⁵⁾言。'鲤退而学诗。他日又独立，鲤趋⁽⁶⁾而过庭⁽⁷⁾，曰：'学礼乎？'对曰：'未也。''不学礼，无以立。'鲤退而学礼。闻斯⁽⁸⁾二者。"

陈亢退而喜曰："问一得三。闻诗，闻礼，又闻君子远⁽⁹⁾其子也。"

二、翻译

陈亢问伯鱼说："您学到别的东西了吗？"

伯鱼回答说："没有。有一次他（孔子）一个人站在那里，我正要快步走过他身边时，他说：'学诗了吗？'我回答说：'没有。''不学诗，就没法讲话。'我离开后就开始学诗了。有一天他又一个人站在那里，也是在我正要快步走过他身边时，他说：'学礼了吗？'我说：'没有。''不学礼，就没法立足。'我离开后就开始学礼了。我就听到他这么教诲过两次。"

陈亢离开后高兴地说："问一得三：听到了诗，听到了礼，还听到君子不偏爱自己的儿子。"

三、注释

〔1〕陈亢：孔子的学生。

〔2〕伯鱼：鲤，孔子的儿子。

〔3〕异闻：别人没学到的知识。

〔4〕尝：曾经。

〔5〕无以：无所以的省略句，无法，没有什么……。

〔6〕趋：快步走。

〔7〕庭：庭园，庭房，借指父亲。

〔8〕斯：这。

〔9〕远：不偏爱。

第十四章

一、原文

邦君⁽¹⁾之妻，君称之曰夫人，夫人自称曰小童；邦人称之曰君夫人，称诸⁽²⁾异邦曰寡小君；异邦人称之亦曰君夫人。

二、翻译

国君的妻子，国君称她为夫人，夫人自称为小童；国人称她为君夫人，对别国人称她为寡小君；别国人也称她为君夫人。

三、注释

〔1〕邦君：诸侯国的君主。

〔2〕诸：之于。

阳货篇第十七

第一章

一、原文

阳货⁽¹⁾欲见⁽²⁾孔子，孔子不见，归⁽³⁾（kuì）孔子豚⁽⁴⁾。

孔子时其亡也⁽⁵⁾，而往拜之，遇诸涂⁽⁶⁾，谓孔子曰⁽⁷⁾："来！予与尔言⁽⁸⁾。"曰："怀其宝而迷其邦，可谓仁乎⁽⁹⁾？"

曰："不可。"

"好从事而亟⁽¹⁰⁾（qì）失时，可谓知乎？"

曰："不可。"

"日月逝矣，岁不我与⁽¹¹⁾。"

孔子曰："诺，吾将仕矣。"

二、翻译

阳货想让孔子来拜见他，孔子不来拜见，于是就馈赠给孔子一只小乳猪。

孔子等他外出时，就去拜见他，不料在路上遇到了他。他对孔子说："来！我有话跟你说。"说："怀揣治国方略却让国家发生迷乱，这能叫作仁吗？"

孔子说："不能。"

阳货又说："喜欢做事却屡失良机，这能叫作有智慧吗？"

孔子说："不能。"

阳货说："岁月流逝，时不我待。"

孔子说："好的，我就去做官。"

三、注释

〔1〕阳货：鲁国大夫季氏的家臣。

〔2〕见：拜见。

〔3〕归：通"馈"，馈赠，赠送。

〔4〕豚：小乳猪。

〔5〕时其亡也：探知他外出的时候。时：伺，探察；亡：出去。

〔6〕遇诸涂：在路上遇到了他。诸：之于；涂：途。

〔7〕谓……曰：对……说。

〔8〕予与尔言：我与你说话。予：我；尔：你。

〔9〕怀其宝而迷其邦，可谓仁乎：怀揣治国方略，却让国家发生迷乱，这能叫作仁吗。怀其宝：怀里揣着宝贝，即治国方略；迷邦：让国家发生迷乱；可谓：能叫作。

〔10〕亟：屡次。

〔11〕与：等待。

第二章

一、原文

子曰："性$^{(1)}$相近也，习$^{(2)}$相远也。"

二、翻译

孔子说："本性相差近，习性相差很远。"

三、注释

〔1〕性：本性，天命。

〔2〕习：习性，习惯。

第三章

一、原文

子曰："唯⁽¹⁾上知⁽²⁾与下愚⁽³⁾不移⁽⁴⁾。"

二、翻译

孔子说："只有最智慧的人和最愚昧的人是不会被改变的。"

三、注释

〔1〕唯：只有。

〔2〕上知：最有智慧的人。知：智慧。

〔3〕下愚：最愚昧的人。

〔4〕移：被移动，被改变。

第四章

一、原文

子之[1]武城，闻弦歌[2]之声，夫子莞尔[3]而笑，曰："割鸡焉[4]用牛刀？"

子游对曰："昔者偃[5]也闻诸夫子[6]曰：'君子学道则爱人，小人学道则易使也。'"

子曰："二三子，偃之言是也，前言戏之耳[7]。"

二、翻译

孔子来到武城，听到弹琴唱歌的声音，带着微笑说："怎么能用牛刀来杀鸡？"

子游回答说："以前我听老师说：'君子学道就爱人，

小人学道就容易被指使了。'"

孔子说："弟子们，子游说得对，我前面说的话是跟你们开个玩笑。"

三、注释

〔1〕之：到，往。

〔2〕弦歌：弹琴唱歌。

〔3〕莞尔：微笑的样子。

〔4〕焉：怎么。

〔5〕偃：子游，孔子的学生。

〔6〕诸夫子：老师，指孔子。

〔7〕耳：而已，罢了。

第五章

一、原文

公山弗扰 $^{(1)}$ 以 $^{(2)}$ 费 $^{(3)}$（bì）畔 $^{(4)}$，召，子欲往。子路不说 $^{(5)}$，曰："末 $^{(6)}$ 之 $^{(7)}$ 也已 $^{(8)}$，何必公山氏之 $^{(9)}$ 之 $^{(10)}$ 也 $^{(11)}$？"

子曰："夫召我者，而岂 $^{(12)}$ 徒 $^{(13)}$ 哉？如有用我者，吾其 $^{(14)}$ 为东周 $^{(15)}$ 乎 $^{(16)}$！"

二、翻译

公山弗扰在费邑反叛，派人邀召孔子，孔子想去。子路不高兴，说："无处可去也就算了，何必到公山氏那里去呢？"

孔子说："邀召我难道是句空话吗？如果有人用我，我打算在东方复兴周道啊！"

三、注释

〔1〕公山弗扰：季氏的家臣。

〔2〕以：在。

〔3〕费：费邑。

〔4〕畔：叛，反叛。

〔5〕说：悦，高兴。

〔6〕末：无。

〔7〕之：去。

〔8〕也已：罢了。

〔9〕之：结构助词，将宾语"公山氏"前置。

〔10〕之：去。

〔11〕也：疑问词，呢。

〔12〕岂：难道。

〔13〕徒：空的。

〔14〕其：时间副词，将，将来。

〔15〕为东周：在东方复兴周道。为：建立，复兴；周：周道。

〔16〕乎：叹词，啊。

第六章

一、原文

子张问仁于孔子，孔子曰："能行五者于天下为仁矣。"

"请问之？"

曰："恭、宽、信、敏、惠。恭则不侮，宽则得众，信则人任焉，敏则有功，惠则足以使人。"

二、翻译

子张向孔子求教仁，孔子说："能在天下践行五种品德的人，就算是仁了。"

"请问哪五种品德？"

孔子说："恭、宽、信、敏、惠。恭就不会受别人侮辱，宽就会得到民众的支持，信就会被人任用，敏就会建功立业，惠就能役使别人。"

第七章

一、原文

佛（bì）肸[1]（xī）召，子欲往。子路曰："昔者由也闻诸夫子曰：'亲于其身为不善者，君子不入也。'佛肸以中牟畔[2]，子之往也，如之何[3]？"

子曰："然，有是言也。不曰坚乎，磨而不磷；不曰白乎，涅（niè）而不缁[4]（zī）。吾岂匏（páo）瓜也哉[5]？焉[6]能系（xì）而不食？"

二、翻译

佛肸邀请孔子，孔子想前往。子路说："以前我听老师说：'亲自做坏事的人，君子是不去的。'佛肸在中牟反叛，您却要前往，为什么？"

孔子说："是的，我说过这样的话。不是说坚硬啊，磨也磨不薄；不是说洁白啊，染也染不黑。我难道是只葫芦吗？怎么能光挂在那里不给人吃呢？"

三、注释

〔1〕佛肸：晋国大夫赵简子的家臣，任中牟宰。

〔2〕以中牟畔：在中牟叛乱。以：在；中牟：地名；畔：叛

乱。

〔3〕如之何：为什么。

〔4〕不曰坚乎，磨而不磷；不曰白乎，涅而不缁：不是说坚硬啊，磨也磨不薄；不是说洁白啊，染也染不黑。不曰：不是说；乎：感叹词，啊；磷：薄；涅：染黑；缁：黑色。

〔5〕吾岂匏瓜也哉：我难道是只葫芦吗？岂：难道；匏瓜：瓢葫芦；也哉：表示感叹。

〔6〕焉：怎么。

第八章

一、原文

子曰："由也，女⁽¹⁾（rǔ）闻六言六蔽⁽²⁾矣乎⁽³⁾？"

对曰："未也。"

"居，吾语女。好仁不好学，其蔽也愚；好知不好学，其蔽也荡；好信不好学，其蔽也贼⁽⁴⁾；好直不好学，其蔽也绞⁽⁵⁾；好勇不好学，其蔽也乱；好刚不好学，其蔽也狂。"

二、翻译

孔子说："由，你听说过'六言六蔽'吗？"

仲由回答说："没有。"

孔子说："坐，我来告诉你吧。爱好仁却不爱好学习，它的弊端是愚昧；爱好知识却不爱好学习，它的弊端是放荡；爱好诚信却不爱好学习，它的弊端是害人；爱好直率却不爱好学习，它的弊端是莽撞；爱好勇敢却不爱好学习，它的弊端是作乱；爱好刚强却不爱好学习，它的弊端是狂妄。"

三、注释

〔1〕女：汝，你。

〔2〕蔽：弊，弊端。

〔3〕矣乎：语气词连用，表示疑问，吗。

〔4〕贼：害人。

〔5〕绞：急切，莽撞。

第九章

一、原文

子曰："小子⁽¹⁾，何莫学夫《诗》⁽²⁾？诗，可以兴，可以观，可以群，可以怨。迩⁽³⁾之⁽⁴⁾事父，远之事君；多识⁽⁵⁾（zhì）于鸟兽草木之名。"

二、翻译

孔子说："弟子们，你们为什么不学诗？诗，可以起兴，可以观察，可以交友，可以抱怨。近处可以侍奉父母，远处可以侍奉君主；也可多记住一些鸟兽草木的名称。"

三、注释

〔1〕小子：弟子。

〔2〕何莫学夫《诗》：为什么不学习这《诗经》。何莫：为什么不；夫：这；《诗》：《诗经》。

〔3〕迩：近。

〔4〕之：音节助词。

〔5〕识：记住。

第十章

一、原文

子谓伯鱼曰："女（rǔ）为⁽¹⁾《周南》《召（shào）南》矣乎？人而不为《周南》《召南》，其⁽²⁾犹正墙面而立⁽³⁾也与⁽⁴⁾！"

二、翻译

孔子对伯鱼说："你学习《周南》《召南》了吗？人如果不学习《周南》《召南》，这就像是面对着墙而站立着吧！"

三、注释

〔1〕为：学习。

〔2〕其：那。

〔3〕墙面而立：面墙而立。

〔4〕也与：表示感叹，吧。

第十一章

一、原文

子曰："礼云⁽¹⁾礼云，玉帛云乎哉⁽²⁾？乐（yuè）云乐（yuè）云，钟鼓云乎哉？"

二、翻译

孔子说："礼呀礼呀，仅仅是指玉帛吗？乐呀乐呀，仅仅是指钟鼓吗？"

三、注释

〔1〕云：助词，呀，啊。

〔2〕云乎哉：反问词，吗。

第十二章

一、原文

子曰："色⁽¹⁾厉⁽²⁾而⁽³⁾内荏⁽⁴⁾（rěn），譬诸⁽⁵⁾小人，其犹穿窬⁽⁶⁾（yú）之盗也与⁽⁷⁾！"

二、翻译

孔子说："外表凶猛而内心软弱，可以拿小人来打比方，就像是钻洞爬墙的盗贼吧！"

三、注释

〔1〕色：神色，外表。

〔2〕厉：凶猛。

〔3〕而：连词，表示转折。

〔4〕荏：软弱。

〔5〕譬诸：譬之如。诸："之如"的合音。

〔6〕窬：通"逾"，从墙上爬过去。

〔7〕也与：表示感叹，吧。

第十三章

一、原文

子曰："乡愿⁽¹⁾，德之贼⁽²⁾也。"

二、翻译

孔子说："伪君子（老好人），是德的破坏者。"

三、注释

〔1〕乡愿：伪君子，"老好人""好好先生"。

〔2〕贼：破坏。

第十四章

一、原文

子曰："道听而 $^{(1)}$ 涂 $^{(2)}$ 说，德之弃也。"

二、翻译

孔子说："在道路上听说后，就立即在途中传播，这是德所唾弃的。"

三、注释

〔1〕而：连词，表示递进。

〔2〕涂：途，道路。

第十五章

一、原文

子曰："鄙夫 $^{(1)}$ 可与事君也与哉 $^{(2)}$ ？其未得之也，患得之；既得之，患失之。苟 $^{(3)}$ 患失之，无所不至矣 $^{(4)}$ 。"

二、翻译

孔子说："可以与人品鄙陋、见识浅薄的人一起侍奉君主吗？这种人没得到时，担心得到；得到了，又担心失去。如果担心失去，就没有什么做不出来的了。"

三、注释

〔1〕鄙夫：人品鄙陋、见识浅薄的人。

〔2〕也与哉：表示疑问，吗。

〔3〕苟：如果。

〔4〕矣：语气词，了。

第十六章

一、原文

子曰："古者民有三疾，今也或是⁽¹⁾之亡⁽²⁾（wú）也。古之狂也肆，今之狂也荡⁽³⁾；古之矜（jīn）也廉，今之矜也忿戾⁽⁴⁾（lì）；古之愚也直，今之愚也诈⁽⁵⁾而已矣⁽⁶⁾。"

二、翻译

孔子说："古代的人有三种毛病，现在或许没有了。古代的狂者随意，现在的狂者放荡；古代的自尊者方正，现在的自尊者蛮横；古代的愚者直率，现在的愚者欺诈，如此而已。"

三、注释

〔1〕或是：或许，也许是。

〔2〕亡：无。

〔3〕古之狂也肆，今之狂也荡：古代的狂者随意，现在的狂者放荡；狂：狂妄；肆：随意；荡：放荡。

〔4〕古之矜也廉，今之矜也忿戾：古代的自尊者方正，现在的自尊者蛮横；矜：自尊；廉：方正；忿戾：蛮横。

〔5〕古之愚也直，今之愚也诈：古代的愚者直率，现在的愚

者欺诈。诈：欺诈。

〔6〕而已矣：如此而已。

第十七章

一、原文

子曰："巧言⁽¹⁾令色⁽²⁾，鲜矣仁⁽³⁾！"

二、翻译

孔子说："花言巧语，满脸堆笑，这是很少有仁的！"

三、注释

〔1〕巧言：花言巧语。巧：美好的，好听的。《诗经·小雅》："巧言如簧""巧言如流"。

〔2〕令色：满脸堆笑。令：美善的，好看的。色：脸色，面容。《诗经·大雅》："令仪令色"。

〔3〕鲜矣仁：倒装句，表示强调，正常语序为"仁鲜矣"，仁很少，很少有仁。鲜：很少；矣：表示肯定。

第十八章

一、原文

子曰："恶（wù）紫⁽¹⁾之夺朱⁽²⁾也，恶（wù）郑声⁽³⁾之乱雅乐⁽⁴⁾（yuè）也，恶（wù）利口⁽⁵⁾之覆邦家⁽⁶⁾者。"

二、翻译

孔子说："讨厌用紫色取代红色，讨厌用郑国的音乐歌舞扰乱雅乐，讨厌用伶牙俐齿颠覆国家政权的人。"

三、注释

〔1〕紫：紫色，杂色。

〔2〕朱：红色，纯色。

〔3〕郑声：郑国的音乐歌舞。

〔4〕雅乐：宫廷音乐。

〔5〕利口：伶牙俐齿，能言善辩。

〔6〕邦家：国家。

第十九章

一、原文

子曰："予欲无言。"

子贡曰："子如不言，则小子何述焉？"

子曰："天何言哉？四时行焉，百物生焉，天何言哉？"

二、翻译

孔子说："我不想说话了。"

子贡说："您如果不说话，弟子们还有什么可转述的呢？"

孔子说："天说什么了吗？四时照样运行，万物照样生长，天说什么了吗？"

第二十章

一、原文

孺悲⁽¹⁾欲见孔子，孔子辞以疾。将命者⁽²⁾出户，取瑟而⁽³⁾歌，使之闻之。

二、翻译

孺悲想见孔子，孔子托病推辞。替孔子传话的人刚走到门口，孔子就取来瑟弹起来并唱起了歌，故意让孺悲听到。

三、注释

〔1〕孺悲：孔子的学生。

〔2〕将命者：传话的人。

〔3〕而：连词，表示并列。

第二十一章

一、原文

宰我⁽¹⁾问："三年之丧，期已久矣。君子三年不为礼，礼必坏；三年不为乐（yuè），乐（yuè）必崩。旧谷既没，新谷既升，钻燧改火⁽²⁾，期⁽³⁾（jī）可已矣。"

子曰："食夫稻，衣夫锦，于女⁽⁴⁾（rǔ）安乎？"

曰："安。"

"女安则为之。夫君子之居丧，食旨不甘，闻乐（yuè）不乐（lè），居处不安，故不为也。今女安，则为之。"

宰我出，子曰："予之不仁也！子生三年，然后免于父母之怀。夫三年之丧，天下之通丧也。予也有三年之爱于父母乎？"

二、翻译

宰我问："三年的丧期，时间太久了。君子三年不学礼，礼必定会败坏；三年不学音乐，音乐必定会荒废。陈粮吃完了，收获新粮，火种也轮换了一遍，丧期一年就可以了。"

孔子说:"吃大米饭,穿锦缎衣,你心安吗?"

宰我说:"心安。"

"你心安,就做吧。君子在服丧期间,吃美食不会感觉香甜,听音乐不会感到高兴,睡觉不安稳,所以不做。现在你感觉心安理得,你就去做吧。"

宰我离开后,孔子说:"宰予不仁!孩子生下来,三年之后才离开父母的怀抱。三年的丧期,是天下通行的丧期。宰予难道没有从他父母那里得三年怀抱的爱护吗?"

三、注释

〔1〕宰我:予,宰予,孔子的学生。

〔2〕钻燧改火:古时随季节选择木材钻木取火。

〔3〕期:一年。

〔4〕女:汝,你。

第二十二章

一、原文

子曰:"饱食终日,无所用心,难矣哉⁽¹⁾!不有博弈⁽²⁾者乎?为之,犹贤乎已⁽³⁾!"

二、翻译

孔子说:"整天吃饱了饭,什么心思都不用,难啊!不是有博弈之类的游戏吗?玩玩这个,也比闲着强啊!"

三、注释

〔1〕矣哉:语气词连用,加强语气,啊。

〔2〕博弈：下棋、赌博等的游戏。

〔3〕乎已：语气词，啊。

第二十三章

一、原文

子路曰："君子尚⁽¹⁾勇乎⁽²⁾？"

子曰："君子义以为⁽³⁾上。君子有勇而无义为乱，小人有勇而无义为⁽⁴⁾盗。"

二、翻译

子路说："君子崇尚勇吗？"

孔子说："君子把义视为最高标准。君子有勇而无义就会作乱，小人有勇而无义就会盗窃。"

三、注释

〔1〕尚：崇尚。

〔2〕乎：疑问词，吗。

〔3〕以为：作为。

〔4〕为：介词，表示承接，就。

第二十四章

一、原文

子贡曰："君子亦有恶（wù）乎？"

子曰："有恶。恶称人之恶者，恶居下流而讪⁽¹⁾（shàn）上者，恶勇而无礼者，恶果敢而窒⁽²⁾者。"

曰："赐也，亦有恶乎？"

"恶徼⁽³⁾（jiāo）以为知者，恶不孙⁽⁴⁾（xùn）以为勇者，恶讦⁽⁵⁾（jié）以为直者。"

二、翻译

子贡说："君子也有厌恶的人吗？"

孔子说："有。厌恶宣扬别人坏处的人，厌恶身居下位讥笑上级的人，厌恶勇武而没有礼节的人，厌恶果敢而固执不变的人。"

孔子又说："赐（子贡），你也有厌恶的人吗？"

子贡说："厌恶剽窃别人的知识当作自己知识的人，厌恶把不谦让当作勇敢的人，厌恶把揭发别人的隐私或攻击别人的短处当作直率的人。"

三、注释

〔1〕讪：讥笑，挖苦。

〔2〕窒：阻塞不通。

〔3〕徼：窃取，抄袭。

〔4〕孙：逊，谦让。

〔5〕讦：揭发别人的隐私或攻击别人的短处。

第二十五章

一、原文

子曰："唯⁽¹⁾女子⁽²⁾与小人⁽³⁾为难养也！近之则不孙⁽⁴⁾（xùn），远之则怨。"

二、翻译

孔子说："只有姬妾和仆隶是难以共处的！亲近他吧，他就不恭顺；疏远他吧，他就抱怨。"

三、注释

〔1〕唯：只有，只是。

〔2〕女子：姬妾，媵妾。

〔3〕小人：仆隶，奴仆。

〔4〕孙：逊，恭顺。

第二十六章

一、原文

子曰："年四十而见恶$^{(1)}$（wù）焉$^{(2)}$，其终也已$^{(3)}$！"

二、翻译

孔子说："如果四十岁了还讨人嫌，他也就这样了！"

三、注释

〔1〕见恶：讨人嫌，被憎嫌。见：文言助词，表示被动，相当于"被"；恶：讨厌，憎恨。

〔2〕焉：于此。

〔3〕也已：语气助词，表示感叹。

微子篇第十八

第一章

一、原文

微子⁽¹⁾去之⁽²⁾，箕（jī）子⁽³⁾为之奴，比干⁽⁴⁾谏而死，孔子曰："殷⁽⁵⁾有三仁焉⁽⁶⁾！"

二、翻译

（纣王昏乱残暴）微子离开了他，箕子成为他的奴隶，比干劝谏而死，孔子说："殷朝有三个仁人啊！"

三、注释

〔1〕微子：殷纣王的哥哥。

〔2〕之：代词，指殷纣王。

〔3〕箕子：殷纣王的叔叔。

〔4〕比干：殷纣王的叔叔。

〔5〕殷：殷朝，即商朝。

〔6〕焉：表示感叹，啊。

第二章

一、原文

柳下惠⁽¹⁾为士师⁽²⁾，三黜⁽³⁾（chù），人曰："子未可以去乎？"

曰："直道而事人，焉⁽⁴⁾往而不三黜？枉⁽⁵⁾道而事人，何必去父母之邦⁽⁶⁾？"

二、翻译

柳下惠做执法官，几次被罢免，有人说："您不可以离开吗？"

柳下惠说："用正道侍奉人君，到哪里不会被几次罢免呢？不用正道侍奉人君，何必离开祖国呢？"

三、注释

〔1〕柳下惠：鲁国大夫。

〔2〕士师：执法官。

〔3〕黜：罢黜，罢免。

〔4〕焉：哪里。

〔5〕枉：不正。

〔6〕父母之邦：祖国。

第三章

一、原文

齐景公⁽¹⁾待⁽²⁾孔子曰："若季氏，则吾不能，以季孟⁽³⁾之间待之。"

曰："吾老矣⁽⁴⁾，不能用也⁽⁵⁾。"孔子行。

二、翻译

齐景公招待孔子时说："用季氏那样的礼节来招待，我做不到，就按照季氏和孟氏之间的礼节来招待吧。"

又说："我确实老了，不中用了。"听齐景公这么说后，孔子就走了。

三、注释

〔1〕齐景公：齐国国君。

〔2〕待：招待。

〔3〕季孟：季氏和孟氏，鲁国大夫。

〔4〕矣：确实。

〔5〕也：表示加强语气。

第四章

一、原文

齐人归⁽¹⁾（kuì）女乐⁽²⁾（yuè），季桓子⁽³⁾受之，三⁽⁴⁾日不朝，孔子行。

二、翻译

齐国人馈赠歌女，季桓子接受了馈赠，几天不上朝，孔子走了。

三、注释

〔1〕归：馈，馈赠。

〔2〕女乐：女歌妓，乐舞奴隶。

〔3〕季桓子：鲁国大夫。

〔4〕三：几。

第五章

一、原文

楚狂接舆⁽¹⁾歌而过孔子，曰："凤兮⁽²⁾！凤兮！何德之衰⁽³⁾？往者不可谏⁽⁴⁾，来者犹可追⁽⁵⁾。已而⁽⁶⁾！已而！今之从政者殆而⁽⁷⁾！"孔子下，欲与之言。趋而辟之⁽⁸⁾，不得与之言。

二、翻译

楚国狂人接舆唱着歌经过孔子，唱到："凤凰啊！

凤凰啊！为什么德衰败了呢？过去的已经不可挽回，未来的还可补救。算了吧！算了吧！现在的从政者危险啊！"孔子下车，想与他说话。接舆快步避开了孔子，孔子没能与他说话。

三、注释

〔1〕楚狂接舆：楚国狂人接舆。接舆：人名。

〔2〕凤兮：凤凰啊。凤：凤凰；兮：啊。

〔3〕何德之衰：为什么德衰败了呢。何：为什么；之：结构助词。

〔4〕谏：挽回。

〔5〕追：补救。

〔6〕已而：算了吧。而：单音虚词，表示感叹。

〔7〕殆而：危险啊。殆：危险；而：语气词，啊。

〔8〕趋而辟之：快步避开孔子。趋：快步；辟：避。

第六章

一、原文

长（cháng）沮（jū）、桀（jié）溺 [1]（nì）耦 [2]而耕。孔子过之，使子路问津 [3] 焉 [4]。

长沮曰："夫执舆 [5] 者为谁？"

子路曰："为孔丘。"

曰："是鲁孔丘与？"

曰："是也。"

曰："是 [6] 知津矣。"

问于桀溺，桀溺曰："子为谁？"

曰："为仲由。"

曰："是鲁孔丘之徒与？"

对曰："然。"

曰："滔滔者，天下皆是也，而谁以易之⁽⁷⁾？且而与其⁽⁸⁾从辟⁽⁹⁾人之士也，岂若从辟世之士哉？"耰⁽¹⁰⁾（yōu）而不辍⁽¹¹⁾（chuò）。子路行以告⁽¹²⁾。

夫子怃（wǔ）然⁽¹³⁾曰："鸟兽不可与同群⁽¹⁴⁾，吾非斯人之徒⁽¹⁵⁾与⁽¹⁶⁾，而谁与？天下有道，丘不与易⁽¹⁷⁾也。"

二、翻译

长沮、桀溺两人并肩耕地。孔子一行经过这里，孔子让子路去问一下过河的渡口在哪里。

长沮说："那个执辔（pèi）赶车的人是谁？"

子路说："是孔丘。"

长沮说："是鲁国的孔丘吗？"

子路说："是的。"

长沮说："这个人知道渡口。"

子路又向桀溺询问。桀溺说："您是谁？"

子路说："是仲由。"

桀溺说："是鲁国孔丘的徒弟吗？"

子路说："是的。"

桀溺说："滔滔的洪水，天下到处都是这样，你靠谁来改革它呢？你与其跟从避人之士，倒不如跟从避世之士啊。"继续不停地耕地。子路把以上情况告诉了孔子。

孔子怅然失意地说："因为人是不能与鸟兽同群的，如果不与这类的人交往，我与谁交往呢？如果天下有道，我孔丘就不会坚持改革了。"

三、注释

〔1〕长沮、桀溺：人名，已不可考。

〔2〕耦：两人并肩。

〔3〕津：渡口。

〔4〕焉：在哪里。

〔5〕执舆：执辔（pèi）赶车。

〔6〕是：代词，这个人。

〔7〕而谁以易之：倒装句，正常语序为"而以谁易之"。而：人称代词，你；以：靠，凭借；易：改革，改变。

〔8〕与其……岂若：固定句式，与其……倒不如……。

〔9〕辟：避。

〔10〕耰：种地，耕地。

〔11〕辍：停止。

〔12〕以告：省略句，完整句子为"以之告孔子"，把上述情况告诉孔子。以：介词，"以"字后的宾语和后面动词的宾语同时省略。

〔13〕怃然：怅然失意的样子。

〔14〕鸟兽不可与同群：倒装句，正常语序为"不可与鸟兽同群"。

〔15〕斯人之徒：这类的人。斯：这；徒：同一类的人。

〔16〕与：交往。

〔17〕易：改变，改革。

第七章

一、原文

子路从而后，遇丈人⁽¹⁾，以杖荷（hé）蓧⁽²⁾（diào）。

子路问曰："子见夫子乎⁽³⁾？"

丈人曰："四体不勤，五谷不分，孰为夫子⁽⁴⁾？"植其杖而芸⁽⁵⁾（yún），子路拱而立。止子路宿⁽⁶⁾，杀鸡为黍（shǔ）而食（sì）之⁽⁷⁾，见其二子焉。

明日，子路行以告⁽⁸⁾。子曰："隐者也。"使子路反⁽⁹⁾见之。

至，则行矣。子路曰："不仕无义。长幼之节，不可废也；君臣之义，如之何其⁽¹⁰⁾废之？欲洁其身，而乱大伦⁽¹¹⁾。君子之仕也，行其义也⁽¹²⁾。道之不行，已知之矣。"

二、翻译

子路跟随孔子，但落在了孔子的后面。子路遇到一位长者，这位长者用棍子挑着筐子。

子路问："您见到老师了吗？"

长者说："四体不勤，五谷不分，谁是老师？"长者说完就把棍子插在地里开始除草。子路拱手行礼站着。长者让子路留下住宿，杀鸡做黄米饭给子路吃，还与他的两个儿子见了面。

明日，子路离开，把上述情况告诉了孔子。孔子说："这是隐士。"让子路返回去找这位长者。

子路赶到时，他们已经离开了。子路说："不做官就没有道义。长幼的礼节，都不可以废弃，君臣的道义，怎么可以废弃呢？想要洁身自好，却破坏了伦常大道。君子做官，实行道义。道义行不通，我们早就知道了。"

三、注释

〔1〕子路从而后，遇丈人：子路跟随孔子，但落在了后面，遇到一位老人。从：跟从，跟随；丈人：老人，长者。

〔2〕以杖荷蓧：用棍子挑着筐子。以：用；杖：棍子；荷：担着，挑着；蓧：筐子。

〔3〕子见夫子乎：您见到老师了吗。子：对男子的尊称；夫子：老师；乎：疑问词，吗。

〔4〕四体不勤，五谷不分，孰为夫子：四肢不劳动，五谷分不清，谁是老师。四体：四肢，身体；勤：劳动；五谷：粮食，庄稼；孰：谁。

〔5〕植其杖而芸：把棍子插在地里开始除草。植：竖起，把棍子插在地里；芸：耘，除草。

〔6〕止子路宿：让子路留下住宿。止：使居住。

〔7〕杀鸡为黍而食之：杀鸡做黄米饭给他吃。为：做；黍：黄米；食：给……吃。

〔8〕以告：省略句，完整句子为"以之告孔子"，把上述情况告诉了孔子。以：把；之：代词，上述情况。

〔9〕反：返，返回。

〔10〕其：语气词，增加一个音节。

〔11〕大伦：伦常大道。

〔12〕君子之仕也，行其义也：君子做官，实行道义。之：结构助词；其：代词，这样；也：表示判断。

第八章

一、原文

逸民[1]：伯夷、叔齐、虞仲、夷逸、朱张、柳下惠、少连。

子曰："不降其志，不辱其身，伯夷、叔齐与[2]？"

谓："柳下惠、少连，降志辱身矣，言中伦，行中虑[3]，其斯而已矣[4]！"

谓："虞仲、夷逸，隐居放言[5]，身中清，废中权[6]。"

"我则异于是[7]，无可无不可[8]。"

二、翻译

遁世隐居的人：伯夷、叔齐、虞仲、夷逸、朱张、柳下惠、少连。

孔子说："不降低志向，不辱没自己的身份，是伯夷和叔齐吧？"

又说："柳下惠和少连，降志辱身，说话有道理，行为有理智，如此而已！"

又说："虞仲和夷逸，隐居不谈世事，自身合于清廉，弃官合于通变。"

最后说："我与他们不同，没什么可以，也没什么不可以。"

三、注释

〔1〕逸民：遁世隐居的人。

〔2〕与：表示轻微疑问。

〔3〕言中伦，行中虑：说话有道理，行为有理智。伦：道理；

中：符合，合于；虑：谋划，理智。

〔4〕其斯而已矣：如此而已。其斯：如此；而已矣：语气词连用，表示语气强烈。

〔5〕放言：不谈世事。

〔6〕身中清，废中权：自身合于清廉，弃官合于通变。废：弃官，罢官；中：符合，合于；权：权变，通变。

〔7〕异于是：不同于这些。异于：不同于；是：这些。

〔8〕无可无不可：没有可以，也没有不可以。

第九章

一、原文

大（tài）师挚〔1〕（zhì）适〔2〕齐，亚饭干〔3〕适楚，三饭缭（liáo）适蔡，四饭缺适秦，鼓方叔入于河〔4〕，播〔5〕鼗〔6〕（táo）武入于汉〔7〕，少师〔8〕阳、击磬〔9〕（qìng）襄（xiāng）入于海。

二、翻译

太师挚去了齐国，亚饭干去了楚国，三饭缭去了蔡国，四饭缺去了秦国，鼓手方叔进入了黄河流域，小鼓手武进入了汉水流域，少师阳和击磬手襄隐居在海上。

三、注释

〔1〕大师挚：太师挚。大师：乐师；大：太；挚：人名。

〔2〕适：去。

〔3〕亚饭干、三饭缭、四饭缺、方叔、武、阳、襄：人名。

〔4〕河：黄河。

〔5〕播：摇。

〔6〕鼗：小鼓，拨浪鼓。

〔7〕汉：汉水。

〔8〕少师：乐官的官名。

〔9〕磬：打击乐器。

第十章

一、原文

周公⁽¹⁾谓鲁公⁽²⁾曰："君子不施⁽³⁾其亲，不使大臣怨乎⁽⁴⁾不以⁽⁵⁾。故旧⁽⁶⁾无大故⁽⁷⁾，则不弃也。无求备⁽⁸⁾于一人。"

二、翻译

周公对鲁公说："君子不要怠慢自己的亲属，不要使大臣埋怨没被使用。老臣没有重大过失，不要抛弃。不要对某一人求全责备。"

三、注释

〔1〕周公：周文王的第四个儿子。

〔2〕鲁公：周公的儿子，鲁国国君。

〔3〕施：弛，怠慢。

〔4〕乎：于。

〔5〕以：动词，用，使用。

〔6〕故旧：老臣。

〔7〕大故：重大事故，重大过失。

〔8〕备：完备，完美。

第十一章

一、原文

周有八士[1]：伯达、伯适（kuò）、仲突、仲忽、叔夜、叔夏、季随、季骊（guā）。

二、翻译

周朝有八位贤士：伯达、伯适、仲突、仲忽、叔夜、叔夏、季随、季骊。

三、注释

〔1〕八士：已不可考。

子张篇第十九

第一章

一、原文

子张曰："士见危致命⁽¹⁾，见得思义，祭思敬，丧思哀，其⁽²⁾可已矣⁽³⁾。"

二、翻译

子张说："贤士遇见危险时能献出生命，遇见有利可图时能想到义，祭祀时能想到恭敬，吊丧时能想到悲哀，大概就可以了。"

三、注释

〔1〕致命：献出生命。

〔2〕其：大概。

〔3〕已矣：语气词，了。

第二章

一、原文

子张曰："执德不弘⁽¹⁾，信道不笃⁽²⁾，焉能⁽³⁾为有？焉能为亡⁽⁴⁾（wú）？"

二、翻译

子张说："持守着德却不能弘扬，信奉道却不专一，怎么能说有？怎么能说无呢？"

三、注释

〔1〕弘：弘扬。

〔2〕笃：一心一意。

〔3〕焉能：怎么能。

〔4〕亡：无。

第三章

一、原文

子夏之门人⁽¹⁾问交⁽²⁾于⁽³⁾子张。

子张曰："子夏云何⁽⁴⁾？"

对曰："子夏曰：'可者，与之；其⁽⁵⁾不可者，拒之。'"

子张曰："异乎⁽⁶⁾吾所闻。君子尊贤而容众，嘉⁽⁷⁾善而矜⁽⁸⁾（jīn）不能⁽⁹⁾。我之⁽¹⁰⁾大贤与⁽¹¹⁾，于⁽¹²⁾人何所不容？我之不贤与，人将拒我，如之何其拒人也⁽¹³⁾？"

二、翻译

子夏的学生向子张请教交朋友。

子张说："子夏说了什么？"

子夏的学生回答说："子夏说：'可以的，就与他交往；不可以的，就拒绝他。'"

子张说："不同于我所听到的。君子应该是尊重贤良而又能包容大众，赞美良善的人又要怜悯能力差的人。我如果十分贤良，对于别人有什么不能容的呢？我如果不贤良，别人将拒绝我，我怎么拒绝别人呢？"

三、注释

〔1〕门人：学生。

〔2〕交：交朋友。

〔3〕于：向。

〔4〕云何：说什么。云：说。何：什么。

〔5〕其：代词，那些。

〔6〕乎：介词，于。

〔7〕嘉：赞美。

〔8〕矜：怜悯。

〔9〕不能：能力差的人。

〔10〕之：如果。

〔11〕与：语气词。

〔12〕于：对于。

〔13〕如之何其拒人也：倒装句，正常语序为"其如之何拒人也"，我怎么拒绝别人呢。其：代词，我；如之何：怎么；也：疑问词，呢。

第四章

一、原文

子夏曰："虽小道⁽¹⁾，必有可观者焉⁽²⁾，致⁽³⁾远恐泥⁽⁴⁾，是以⁽⁵⁾君子不为也。"

二、翻译

子夏说："即使是小技艺，也必有可观察的地方，但对于实现远大理想恐怕是一种阻碍，因此君子不从事小技艺。"

三、注释

〔1〕小道：小技艺。

〔2〕焉：语气词。

〔3〕致：使达到。

〔4〕泥：困难。

〔5〕是以：所以，因此。

第五章

一、原文

子夏曰："日知其所亡⁽¹⁾（wú），月无忘其所能，可谓⁽²⁾好学也已矣⁽³⁾。"

二、翻译

子夏说："每天能知道以前不知道的，每月不忘记已经学会的，这就可以说是好学了。"

三、注释

〔1〕亡：无。

〔2〕可谓：可以说是。

〔3〕也已矣：语气词，了。

第六章

一、原文

子夏曰："博学而笃⁽¹⁾志，切问⁽²⁾而近思⁽³⁾，仁在其中矣。"

二、翻译

子夏说："广泛学习并意志坚定，恳切提问并思虑当前，仁就在其中了。"

三、注释

〔1〕笃：专一，坚定。

〔2〕切问：恳切提问。

〔3〕近思：思考当前。

第七章

一、原文

子夏曰："百工⁽¹⁾居肆⁽²⁾以成其事，君子学以致⁽³⁾其道。"

二、翻译

子夏说："工匠在作坊里完成工作，君子通过学习完成道业。"

三、注释

〔1〕百工：各种工匠。

〔2〕肆：工作场地，作坊。

〔3〕致：使达到。

第八章

一、原文

子夏曰："小人之过也，必文⁽¹⁾。"

二、翻译

子夏说："小人有过错，一定会掩饰。"

三、注释

〔1〕文：掩饰。

第九章

一、原文

子夏曰："君子有三变：望[1]之俨然[2]，即[3]之也温，听其言也厉。"

二、翻译

子夏说："君子有三变：远处看起来，他严肃庄重；近距离接触，他温和可亲；听他讲话，言语严谨。"

三、注释

〔1〕望：远处看。

〔2〕俨然：严肃庄重的样子。

〔3〕即：靠近。

第十章

一、原文

子夏曰："君子信而后[1]劳其民，未信则以为厉[2]己也；信而后谏，未信则以为谤[3]己也。"

二、翻译

子夏说："君子取得百姓的信任，然后才能去役使百姓，没有取得信任，百姓就会认为是害自己；君子取得（上级）信任，然后才能去劝谏，没有取得信任，（上级）就会认为是诽谤自己。"

三、注释

〔1〕而后：然后。

〔2〕厉：害。

〔3〕谤：诽谤。

第十一章

一、原文

子夏曰："大德^{〔1〕}不逾闲^{〔2〕}，小德出入可也。"

二、翻译

子夏说："在原则问题上不越界，在生活琐事上有出入是可以的。"

三、注释

〔1〕大德、小德：大德指原则问题，小德指生活琐事。

〔2〕逾闲：超越界限。逾：超过，超越；闲：界限，限制。

第十二章

一、原文

子游曰："子夏之门人小子^{〔1〕}，当洒扫应对进退^{〔2〕}则可矣，抑^{〔3〕}末也，本之则无，如之何？"

子夏闻之，曰："噫，言游过矣！君子之道，孰先传焉？孰后倦^{〔4〕}（juàn）焉？譬诸草木，区以别矣。君子之道，焉可诬也？有始有卒^{〔5〕}者，其^{〔6〕}惟圣人乎？"

二、翻译

子游说："子夏的学生，做些家务和接人待物的事，是可以的，但这些都是末节小事，根本的东西却没学到。这怎么行呢？"

子夏听说后说："噫！子游（言游）说得不对！君子之道，哪些先教？哪些后传？就像草木一样，是有区别的。君子之道，怎么可以被诬蔑呢？有始有终的人，大概只有圣人吧？"

三、注释

〔1〕门人小子：学生。

〔2〕洒扫应对进退：泛指家务活及接人待物的言谈举止。

〔3〕抑：但是。

〔4〕倦：可能是误字，应为"传"。

〔5〕卒：终。

〔6〕其：大概。

第十三章

一、原文

子夏曰："仕$^{(1)}$而$^{(2)}$优$^{(3)}$则学，学而优则仕。"

二、翻译

子夏说："做事（官）如果有余力就学习，学习如果有余力就做事（官）。"

三、注释

〔1〕仕：做官，做事。

〔2〕而：表示假设关系，如果。

〔3〕优：有余力。

第十四章

一、原文

子游曰：“丧致乎^{（1）}哀而止^{（2）}。”

二、翻译

子游说：“吊丧达到悲哀就可以了。”

三、注释

〔1〕致乎：达到。

〔2〕止：停止，停住。

第十五章

一、原文

子游曰：“吾友张也，为难能，然而未仁。”

二、翻译

子游说：“我的学友子张，是难能可贵的，但是还未达到仁。”

第十六章

一、原文

曾子曰：“堂堂^{（1）}乎^{（2）}张也，难与并为^{（3）}仁矣。”

二、翻译

曾子说：“子张虽然仪表堂堂，但是很难与他一起践行仁。”

三、注释

〔1〕堂堂：盛大的样子。

〔2〕乎：后缀。

〔3〕为：做，践行。

第十七章

一、原文

曾子曰："吾闻诸⁽¹⁾夫子，人未有自致⁽²⁾者也，必也亲丧乎⁽³⁾。"

二、翻译

曾子说："我听老师说，人没有自己竭尽自己心力的，如果有，也必定是自己的亲人去世吧。"

三、注释

〔1〕诸：兼词，之于。之：代词，指听说的内容；于：介词，从。

〔2〕自致：竭尽自己的心力。

〔3〕乎：表示推测。

第十八章

一、原文

曾子曰："吾闻诸夫子，孟庄子⁽¹⁾之孝也，其他可能也，其不改父之臣与父之政，是难能也。"

二、翻译

曾子说："我听老师说，孟庄子的孝，在其他方面是可以做到的，但是他不改变父亲的旧臣和父亲的政策，这是难能可贵的。"

三、注释

〔1〕孟庄子：鲁国大夫。

第十九章

一、原文

孟氏⁽¹⁾使阳肤⁽²⁾为士师⁽³⁾，问于曾子，曾子曰："上失其道，民散久矣。如得其情⁽⁴⁾，则哀矜⁽⁵⁾而勿喜。"

二、翻译

孟氏让阳肤担任刑狱官，向曾子请教，曾子说："在上位的人失道，百姓离散已经很久了。如果得到真实情况，要有怜悯之心，不要自鸣得意。"

三、注释

〔1〕孟氏：鲁国大夫。

〔2〕阳肤：曾子的学生。

〔3〕士师：刑狱官。

〔4〕情：真实情况，真情。

〔5〕哀矜：怜悯。

第二十章

一、原文

子贡曰："纣⁽¹⁾之不善，不如是⁽²⁾之甚⁽³⁾也，是以⁽⁴⁾君子恶（wù）居下流⁽⁵⁾，天下之恶（è）皆归焉⁽⁶⁾。"

二、翻译

子贡说："商纣王的残暴，不像传说的这么严重，因此君子讨厌处在卑下的位置，把天下的恶都归到他身上了。"

三、注释

〔1〕纣：商纣王，暴君。

〔2〕是：这。

〔3〕甚：严重。

〔4〕是以：因此。

〔5〕下流：卑下的位置。

〔6〕焉：代词，他，指纣王。

第二十一章

一、原文

子贡曰："君子之过也，如日月之食焉[1]。过也，人皆见之；更[2]也，人皆仰之。"

二、翻译

子贡说："君子的过错就像是日食和月食一样。有过错，别人都看得见；改正了，别人都仰慕他。"

三、注释

〔1〕焉：表示感叹。

〔2〕更：改变。

第二十二章

一、原文

卫公孙朝⁽¹⁾问于子贡曰："仲尼焉⁽²⁾学？"

子贡曰："文武⁽³⁾之道，未坠于地⁽⁴⁾，在人⁽⁵⁾。贤者识⁽⁶⁾其大者，不贤者识其小者，莫不有文武之道焉⁽⁷⁾。夫子焉不学？而亦⁽⁸⁾何常师之有⁽⁹⁾？"

二、翻译

卫国公孙朝问子贡说："仲尼是从哪里学到的知识？"

子贡说："周文王和周武王的道，没有失传，还在人间。贤者识大体，不贤者只知道一些细节，无处没有周文王和周武王的道。老师怎么不学习呢？哪里有固定的老师？"

三、注释

〔1〕公孙朝：卫国大夫。

〔2〕焉：哪里，怎么。

〔3〕文武：周文王和周武王。

〔4〕坠于地：掉落在地上，指失传。

〔5〕在人：在人间。

〔6〕识：知道。

〔7〕焉：语气助词，表示肯定。

〔8〕而亦：连词，连接上下文。

〔9〕何常师之有：倒装句，正常语序为"有何常师"，哪里有固定老师。常师：固定的老师。

第二十三章

一、原文

叔孙武叔⁽¹⁾语⁽²⁾大夫于朝曰："子贡贤于仲尼。"

子服景伯⁽³⁾以告子贡，子贡曰："譬之宫墙，赐之墙也及肩，窥见室家之好。夫子之墙数仞，不得其门而入，不见宗庙之美，百官⁽⁴⁾之富。得其门者或寡矣，夫子之云，不亦宜乎！"

二、翻译

叔孙武叔在朝廷上对大夫们说："子贡比仲尼贤能。"

子服景伯把这事告诉了子贡，子贡说："拿围墙来做比喻吧，我家的围墙有一肩高，可以很容易地从外面看到里面的情况。老师家的围墙数仞高，如果不从门里进去，是看不到宗庙里面的华美和各种房间里的富丽堂皇的。能够找到门进去的人也许太少了，他老先生这样说，不是也在情理之中吗？"

三、注释

〔1〕叔孙武叔：鲁国司马。

〔2〕语……曰：对……说。

〔3〕子服景伯：鲁国大夫。

〔4〕百官：各种房屋。官：房舍，房屋。

第二十四章

一、原文

叔孙武叔毁仲尼，子贡曰："无以为也⁽¹⁾！仲尼不可毁也！他人之贤者，丘陵也，犹可逾也；仲尼，日月也，无得而逾焉。人虽⁽²⁾欲自绝⁽³⁾，其何⁽⁴⁾伤于日月乎？多见⁽⁵⁾其不知量⁽⁶⁾也。"

二、翻译

叔孙武叔诋毁仲尼，子贡说："没有用！仲尼不可诋毁！他人的贤能，是丘陵，还是能翻越过去的；仲尼的贤能，是日月，是没有办法跨越的。有人即使想自取灭绝，难道能对日月造成伤害吗？只显出他不自量力而已。"

三、注释

〔1〕无以为也：倒装句，正常语序为"以无为也"，这没有用啊。以：代词，这；无为：无用；也：叹词，啊。

〔2〕虽：即使。

〔3〕自绝：自取灭绝。

〔4〕其何：表示反诘，加强语气，难道。

〔5〕多见：只显出。多：只，仅仅；见：显出。

〔6〕不知量：不自量。

第二十五章

一、原文

陈子禽⁽¹⁾谓子贡曰："子为⁽²⁾恭⁽³⁾也？仲尼岂贤

于子乎？"

子贡曰："君子一言以为知，一言以为不知，言不可不慎也。夫子之不可及也，犹天之不可阶而升也。夫子之得邦家⁽⁴⁾者，所谓⁽⁵⁾立之斯⁽⁶⁾立，道⁽⁷⁾之斯行，绥⁽⁸⁾（suí）之斯来，动之斯和。其生也荣，其死也哀，如之何⁽⁹⁾其可及也？"

二、翻译

陈子禽对子贡说："您是谦逊吧？仲尼难道比您还贤能吗？"

子贡说："君子一句话就能表现出智慧，一句话就能表现出不智慧，因此说话不能不慎重。老师不可及，就像天不能顺着梯子爬上去一样。如果老师得到一个国家，就会像人们说的那样，说立就会立起来，说引导就会跟着走，说安抚就会来投奔；说行动就会齐心协力。他在世光荣，他去世哀痛，怎么能赶得上呢？"

三、注释

〔1〕陈子禽、子贡：孔子的学生。

〔2〕为：是。

〔3〕恭：谦逊。

〔4〕邦家：统称国家。邦：诸侯的封国；家：卿大夫的封邑。

〔5〕所谓：就像人们说的那样。

〔6〕斯：就。

〔7〕道：导，引导。

〔8〕绥：安抚。

〔9〕如之何：怎么能。

尧曰篇第二十

第一章

一、原文

尧⁽¹⁾曰：“咨⁽²⁾！尔舜⁽³⁾！天之历数⁽⁴⁾在尔躬⁽⁵⁾，允⁽⁶⁾执其中⁽⁷⁾。四海⁽⁸⁾困穷，天禄⁽⁹⁾永终。”

舜亦以⁽¹⁰⁾命⁽¹¹⁾禹⁽¹²⁾。

曰：“予小子⁽¹³⁾履⁽¹⁴⁾，敢用玄牡⁽¹⁵⁾，敢昭告于皇皇后帝⁽¹⁶⁾：‘有罪不敢赦。帝臣不蔽，简⁽¹⁷⁾在帝心。朕⁽¹⁸⁾躬有罪，无以⁽¹⁹⁾万方；万方有罪，罪在朕躬。’”

周⁽²⁰⁾有大赉⁽²¹⁾（lài），善人是富⁽²²⁾。

“虽有周亲⁽²³⁾，不如仁人。百姓有过，在予一人⁽²⁴⁾。”

谨权量⁽²⁵⁾，审法度，修废官，四方之政行焉；兴灭国，继绝世，举⁽²⁶⁾逸民⁽²⁷⁾，天下之民归心焉。

所重民、食、丧、祭。宽则得众，信则民任焉。敏则有功，公则说⁽²⁸⁾（yuè）。

二、翻译

尧帝说：“啊！伟大的舜啊！按照天命，帝位应该由你来继承，你要坚守公平中道。如果天下困穷，帝位就会永远离开你。”

舜帝也是这样告诫大禹的。

（商汤）说：“我，敢用黑色公牛做祭品，敢向上帝发誓：‘有罪的人我不敢赦免。作为上帝的臣仆，我什么都不敢隐瞒，上帝之心明鉴。我自己如果有罪，不要牵连天下人；天下人如果有罪，罪都在我一个人身上。’”

周朝重赏天下，使善人都富起来。

"虽然有最亲密的人，但还不如有仁德之人。百姓有过错，都在我一人身上。"

谨慎制定度量衡，认真审定礼仪制度，整治修复各级官吏，天下的政令就会畅通无阻；使已灭绝的诸侯国复兴起来，使已灭亡的世族延续下去，把离散的遗老遗少供养起来，天下的百姓就会归心。

应该重视民众、粮食、丧葬和祭祀。宽厚就会获得众人的支持，守信就会获得民众的信任。敏达就会建功立业，公道就会使人心悦诚服。

三、注释

〔1〕尧：尧帝，部落首领。

〔2〕咨：赞美声。

〔3〕尔舜：伟大的舜。尔：华盛貌，伟大的；舜：舜帝，部落首领。

〔4〕天之历数：天赋予的帝位继承顺序。历数：历法，借指帝位继承顺序。

〔5〕尔躬：你身上。尔，你，你的；躬，身，自身。

〔6〕允：公平公正，诚信笃实。

〔7〕中：不偏不倚，中道，中庸之道。

〔8〕四海：天下。

〔9〕天禄：传说中的祥瑞神兽，借指帝位。

〔10〕以：介词，省略了以字后的宾语"之"。

〔11〕命：告诫。

〔12〕禹：大禹，部落首领。

〔13〕予小子：古代帝王在先王、长辈和上帝面前的自称。

〔14〕履：商汤，商朝的开国之君。

〔15〕玄牡：古代祭天帝用的黑色公牛。玄：黑色；牡：雄性的，公的。

〔16〕皇皇后帝：上帝。

〔17〕简：知晓。

〔18〕朕：我。

〔19〕以：涉及，牵连。

〔20〕周：周朝。

〔21〕大赉：重赏。赉：赐予，给予。

〔22〕善人是富：倒装句，正常语序为"富善人是"，使善人富起来。是：助词，将宾语"善人"提前，表示强调；富：使……富起来。

〔23〕周亲：至亲，最亲密的人。周：至。

〔24〕予一人：我，古代帝王的自称。

〔25〕权量：度量衡。

〔26〕举：养育，供养。

〔27〕逸民：亡国后失散的遗老遗少。

〔28〕说：悦。

第二章

一、原文

子张问于孔子曰："何如⁽¹⁾斯⁽²⁾可以从政矣⁽³⁾？"

子曰："尊五美，屏⁽⁴⁾（bǐng）四恶，斯可以从政矣⁽⁵⁾。"

子张曰："何谓⁽⁶⁾五美？"

子曰："君子惠而不费，劳而不怨，欲而不贪，泰而不骄，威而不猛。"

子张曰："何谓惠而不费？"

子曰："因[7]民之所利[8]而利之，斯不亦[9]惠而不费乎？择可劳而劳之，又谁怨？欲仁而得仁，又焉[10]贪？君子无众寡，无大小，无敢慢，斯不亦泰而不骄乎？君子正其衣冠，尊[11]其瞻视[12]，俨然[13]人望而畏之，斯不亦威而不猛乎？"

子张曰："何谓四恶？"

子曰："不教而杀谓之虐[14]；不戒[15]视成谓之暴[16]；慢令[17]致期谓之贼[18]；犹之[19]与[20]人也，出纳[21]之吝，谓之有司[22]。"

二、翻译

子张向孔子请教说："怎样才可以从政呢？"

孔子说："尊五美摒四恶，就可以从政了。"

子张说："什么是五美呢？"

孔子说："君子应该惠而不费，劳而不怨，欲而不贪，泰而不骄，威而不猛。"

子张说："什么是惠而不费呢？"

孔子说："按照民众的利益而因势利导，这难道不是惠而不费吗？选择可以劳动的人去劳动，又有谁怨恨呢？想要仁就得到了仁，又怎么会贪呢？君子待人，不分众寡，不分大小，都不敢怠慢，这难道不是泰而不骄吗？君子衣冠整洁，外表堂堂，严肃庄重，一看就让人望而生畏，这难道不是威而不猛吗？"

子张说："什么是四恶呢？"

孔子说："不教化就杀戮，这叫虐；不告诫就要求成功，这叫暴；轻慢上级的政令，却又要求下级限期完成，这叫贼；好比要把东西分给别人，到了兑现的时候，又吝啬起来，这叫有司（比喻小气）。"

三、注释

〔1〕何如：如何，怎样。

〔2〕斯：就，才。

〔3〕矣：疑问词，呢。

〔4〕屏：摒，摒弃。

〔5〕矣：语气词，了。

〔6〕何谓：什么叫作，什么是。

〔7〕因：顺着，按照。

〔8〕之所利：之所结构，构成名词性短语，……的利益。

〔9〕不亦……乎：难道不……吗。

〔10〕焉：怎么。

〔11〕尊：重视。

〔12〕瞻视：外表，观瞻。

〔13〕俨然：严肃，庄重。

〔14〕虐：虐待，虐政。

〔15〕戒：诫，告诫，劝诫。

〔16〕暴：残暴，暴政。

〔17〕慢令：轻慢上级的政令。

〔18〕贼：伤害，戕（qiāng）害，贼政。

〔19〕犹之：如同，好比。

〔20〕与：赠予，分配。

〔21〕出纳：向外发放和向里收进，这里指兑现承诺。

〔22〕有司：掌管某个部门的官吏。这里借指像掌管某个部

门的官吏一样严格把关，不愿意向外发放，言下之意是心胸狭窄，不肯赠予，比喻小气。

第三章

一、原文

孔子曰："不知命[1]，无以[2]为君子也[3]；不知礼，无以立也；不知言，无以知人也。"

二、翻译

孔子说："不懂得天命，就不可能成为君子；不懂得礼仪，就不可能在社会上立足；不懂得言语，就不可能识人。"

三、注释

〔1〕命：天命，上天的意志，或上天主宰的命运。

〔2〕无以：没办法，不可能。以：用来。

〔3〕也：语气助词，表示判断和肯定。